KB235610

전도해봤어!

전도해봤어!

- 초판 1쇄 발행 2017년 3월 17일
- 초판 2쇄 발행 2017년 4월 15일

- 지은이   이충섭
- 펴낸이   조유선
- 펴낸곳   누가출판사

- 등록번호 제315-2013-000030호
- 등록일자 2013. 5. 7.
- 주소 서울특별시 공항대로 637 B-102(염창동, 현대아이파크 상가)
- 전화 02-826-8802 팩스 02-6455-8805

- 정가 13,000원
- ISBN 979-11-85677-21-7 03230

전도는 가장 큰 사명이고
축복된 기쁨이다

전도 해 봤어!

이충섭 지음

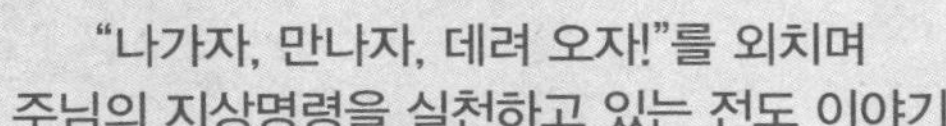

"나가자, 만나자, 데려 오자!"를 외치며
주님의 지상명령을 실천하고 있는 전도 이야기

출판사
누가

"홍수가 나면 오히려 식수가 귀하다."라는 말이 있습니다. "전도하라!"는 외침과 지시는 많지만 구원받아야 할 영혼 때문에 눈물로 복음을 전하는 자가 희귀하며, 교회 성장에 대한 욕심은 있으나 영혼 구원에 대한 뜨거운 애정이 점점 식어져 가는 시대의 한복판에 충성스러운 전도자 이충섭 목사가 서 있습니다.

그는 오직 예수께 받은 구원의 은혜에 감사하며, 하나님의 이름이 온 세계 위에 높아지기를 원하는 단순한 욕망에 의해, 한겨울 매서운 추위에도, 그리고 뙤약볕 아래에서도 주님이 보내주신 구름기둥에 의지하여 복음을 전하고 있습니다.

신실한 전도자인 그의 모습에서 사마리아의 부흥의 영광을 뒤로 하고, 광야로 나아갔던 전도자 빌립이 연상되며, 노아의 홍수를 예감하며 하나님의 심판을 담대히 외쳤던 에녹이 연상됨은 이충섭 목사가 예수님에 대한 남다른 사랑과 성령의 기름부음과 사명자로서 하나님의 동일한 부르심이 있기 때문이라 믿습니다.

우리가 살고 있는 이 세대는 영적 대각성인가, 아니면 하나님의 심판인가의 갈림길에 놓여 있다 해도 과언이 아닐 것입니다. 신앙적, 영적 타락이 극에 달하고, 부패와 불의가 세상에 가득하며, 죄가 관영한 이 시대에 필요한 하나님의 사람은 화려한 학력이나 멋진 외모, 엄청난 세상의 권력을 가진 자가 아니라, 오직 하나님 마음에 합한 자로서의 충성과 복음에 대한 순수한 열정, 영혼구원에 대한 갈망과 눈물의 기도로 주님 앞에 서 있는 자입니다. 저자인 이충섭 목사는 그러한 목회자 중의 한 사람임이 확실합니다.

본 책은 그의 가슴과 손과 발로 쓴 책이며, 성령의 말씀하심을 겸손한 마음으로 기록한 책이라 하겠습니다. 이 책에 이 땅의 영적 침체를 거부하는 그의 투혼(鬪魂)이 녹아 있으며 한국 교회의 힘찬 가능성과 복된 미래가 담겨져 있습니다. 이 책을 통해서 전도인으로서의 열정이 회복되어, 온 교회와 온 나라에 놀라운 부흥의 역사가 일어나기를 소망합니다.

이광석 감독(중앙연회)

　　신학교 동기이자 승리교회 목사로, 어린이 부흥회 강사로 열심히 사역하고 있는 친구, 이충섭 목사의 「전도해봤어!」 책은 이 목사의 지금까지 걸어온 삶의 여정을 고스란히 담고 있습니다. 천하보다 귀한 한 영혼을 위해 기도하고, 마음을 주고, 위로하고, 사랑으로 품어주는 이 목사가 전도하는 목사로 알려진 것은 그의 목회 20년 차에 시작한 건빵 전도를 통해서입니다.

　　오랜 준비의 시간과 고난의 시간을 통하여 하나님과 친밀할 수 있었던 이 목사가 오늘을 준비하며 견디고, 성령님의 임재를 느끼며 매일매일 주시는 하나님의 기름부음에 맞추어 전도에 열정을 쏟을 수 있었던 이유는 부르신 그곳에서 그의 사명을 찾았기 때문입니다. "전도합시다, 기도합시다, 사랑합시다, 행복합시다, 승리합시다."를 외치며 이 목사는 말합니다.

　　"겨자씨는 작지만 영향력이 있지요. 작지만 큰일을 하는 승리교회가 되기를 희망합니다. 하나님이 하시면 됩니다. 할렐루야!"

　　부르신 그 자리에서 사명을 찾을 때, 우리에게 찾아오는 감사가 있습니다. 우리는 행복과 행운을 쫓아가는 사람이 아니라, 주신 축복을 발견하고 감사하는 삶을 사는 것입니다.

한 성도의 아픔 때문에 눈물 흘리며, 기도만이 살 길이자 하나님의 은혜가 넘쳐날 수 있는 유일한 통로라고 말하는 이 목사의 고백이 참으로 귀합니다. 그에게는 결코 눈에 보이는 열매가 많지 않습니다. 그러나 그는 묵묵히 그 자리를 지키며 하나님의 마음으로 지역 사람들에게 복음을 전하고 있습니다. 나와 같은 신앙을 가지지 못한 사람들을 바라보며 비난하거나, 나와 같은 신앙의 길을 가도록 인도하는 '교회 홍보' 같은 전도가 아니라 본인도 알지 못하는 죄에 빠져서 힘겹게 살아가는 사람이 진정으로 변할 수 있는 유일한 방법은 복음밖에 없다는 생각을 바탕으로 하는 전도를 그는 하고 있는 것입니다. 하나님의 부르심에 순종하고 그분의 계명을 지키며 살아가는 이 목사를 존경하지 않을 수 없습니다.

다양한 곳에서 후원을 받아 월요일부터 수요일까지는 건빵으로, 목금토요일에는 빵(카스테라)으로 이 목사는 하루도 쉬지 않고 혼자 나가 전도를 합니다. 작은 교회의 희망과 소망이 되고 싶다며 환하게 웃는 이 목사는 "나가자, 만나자, 데려 오자!"를 외치며 주님의 지상명령을 실천하고 있습니다. 그야말로 주님의 복음이 땅 끝까지 전해져야 한다는 확실한 믿음을 소유한 목사입니다.

오직 성령이 너희에게 임하시면 너희가 권능을 받고 예루살렘과 온 유대와
사마리아와 땅 끝까지 이르러 내 증인 되리라 하시니라 _사도행전 1장 8절

주님의 마음으로 쉬지 않고 전도하는 이 목사를 위해 기도합니다. 내가 하는 일, 내가 이룬 일, 모두 하나님이 하셨음을 믿음으로 고백하는 그의 삶을 통해, 이 세상을 살아갈 때 필요한 신앙의 자세를 배웁니다. 주님의 지상 명령인 전도를 몸소 실천하는 이 목사는 세상 속에서 세상 사람들과 함께 크리스천으로 사는 법을 깨달은 목사입니다.

바로 예수님께서 말씀하신 '빛과 소금'의 삶을 사는 사람입니다. 어둠 속에서 진가를 발휘하는 '빛'과 싱거운 음식에 맛을 내고, 부패하는 것을 방지하는 '소금'의 삶을 사는 이 목사는 유한한 이 세상 가운데서 어떻게 영원한 소망을 두고 살아가는지 보여주는 사람입니다. 이 목사의 「전도해봤어!」를 통해 이 시대에 진정으로 주님이 원하시는 크리스천의 삶을 찾길 바랍니다.

김병삼 목사(만나교회)

양극화 시대를 삽니다. 자본주의 사회에서의 양극화란 어쩌면 당연한 산물이지만, 진행속도가 너무 빠르고 벌어짐의 폭이 너무 커지고 있습니다. 가치관의 양극화, 사회구조의 양극화, 소득분배의 양극화, 자산의 양극화, 지식의 양극화는 물론이지만 교회구조의 양극화, 신앙의 양극화는 아래로 쳐질수록 소망을 잃게 되고, 좌절과 낙망은 분노가 되어 누군가를 공격하며 날카로워져 가고 있습니다.

사랑해야 함을 알면서도 사랑이 쉽지 않습니다. 이해하고 용서해야 함을 알면서도 대립각이 커갈 때가 있습니다. 저 사람의 커짐이 마치 내 것을 빼앗음에서 비롯된 것 같은 착각도 쉬워지고, 대형교회를 미워하고, 중형교회를 비난하고, 작은 교회가 피해자인 것처럼 여겨지는 시대입니다.

20년이 넘도록 작은 교회에서 벗어나지 못하고 여전히 아파하며 아쉬워하는 한 목회자의 삶이 저를 무척 감동시켰습니다.

작지만 결과에 집착하지 않고 오늘 하루를 주와 함께 동행하며 최선을 다해 살아온 삶! 형편은 어렵지만, 그래도 거짓과 불의와 타협하지 않고 정직하게 공의롭게, 하나님 앞에서 살아보려고 버둥거리던 삶!

누군가에게 자랑하고 소개하고 싶었던 작은 교회 목회자의 살아온 이야기를 책으로 엮어주어 너무 감사합니다.

충분히 포기할 수 있는데 포기하지 않고,
충분히 원망할 수 있는데 원망하지 않고,
충분히 분노할 수 있는데 분노하지 않고,
묵묵히 하나님의 자녀로서의 삶을 살아온 이야기가 책으로 담아지니 너무 좋습니다.

답도 없는 상황에서도 항상 소망을 품고 살아감이 부럽습니다. 어려운 외부적 상황임에도 불구하고 두 아들이 아버지의 뒤를 일어 신학대학을 선택해 준 것도 큰 부러움입니다. 힘든데 힘들다고 표현도 못하고 아파하며 답답해하며 사랑으로 감싸준 사모님이 있어 큰 감사입니다.

이 책이,
절망 중에 있는 이들,
결과를 따라 모든 것을 평가해 버리고 일찍부터 원망하는 이들,
이 땅이 끝이 아니라 천국에서만이 참 끝이 드러남을 믿는 이들,

원망하며 감사를 잃은 이들에게 생수가 되길 기도합니다.

또 이 시간도 하늘나라의 상급을 바라보며 버텨내는 많은 동역자분들에게 큰 도전과 위로가 될 것을 확신하며 자신 있게 추천합니다.

이구영 목사(생명나무교회)

전도할 수밖에 없었습니다

2012년 3월 17일(토) 전도하기 시작한 날입니다.

목회 20년이 되면서 '더 이상 작은 교회를 할 수 없다. 이렇게 목회하다가는 이렇게 은퇴하겠다.'는 생각이 되어 건빵 한 박스를 가지고 교회 앞에 있는 중학교로 나갔습니다. 그날 전도하는 날에 학생들과 어린이들에게 설문지를 21명에게 받았습니다. 전화번호를 저장한 후 예수님 믿으라고, 교회에 오라고 카톡 보내며 전도하기 시작했습니다.

이날부터 하나님께 나는 날마다 길거리에서 전도하는 사람으로 임명받았습니다. 맡은 자에게 구할 것은 충성뿐이라고 하였습니다. 충섭이는 충성을 잘합니다. 하나님께서 나에게 맡기신 일에 최선을 다하도록 은혜와 믿음을 주셨습니다.

전도를 돕는 분들이 생겼습니다. 교회에 오는 어린이와 학생, 청년, 어른들이 생겨나기 시작한 것입니다. 확실한 것은 전도하기 전보다 전도하고 난 이후 교회 형편이 좋아졌고 매일 전도하는 내가 더욱 하나님과 교회를 사랑하게 되었으며 성도들을 사랑하게 되었습니다. 그 하나님의 사랑과 은혜에 감사합니다. 하나님께서 저를 날마다 전도자로 세워 주신 것에 감사드립니다. 날마다 전도하는 승리교회가 있어 너무 감사합니다. 교회가 이 땅의 소망입니다. 교회가 있음으로 하나님의 뜻을 이루어 갈 수 있습니다.

「전도해봤어!」라는 책이 나오기까지 사랑해 주신 분들이 많이 있습니다. 몸 된 교회를 섬기고 있는 승리교회 성도님들이 감사하고 고맙습니다. 승리교회 성도님들이 있어 내가 날마다 전도할 수 있고 기도할 수 있고 하나님의 말씀을 전할 수 있어 행복합니다. 섬길 수 있는 성도님들을 주셔서 하나님의 사랑으로 어떻게 사랑해야 하는지를 배웠습니다. 여전히 부족하지만 그리스도의 사랑으로 몸 된 교회와 존귀한 성도님을 사랑합니다.

이 책이 더욱 빛나도록 추천서를 써 준 중앙연회 이광석 감독님과 만나교회 김병삼 목사님과 생명나무교회 이구영 목사님께 진심으로 감사드립니다. 이 책은 저 혼자 쓴 것이 아닙니다. 매일 전도의 응원 메시지를 보내 주며 기도해 주고 격려해 주시는 많은 사람들이 계십니다. 이 분들의 글 속에서 매일 전도를 응원하고 기도해 주시고 사랑해 주심을 느꼈습니다.

이 책은 누가 출판사 정종현 목사님과 직원들의 손길을 통해 나왔습니다. 그분들의 수고에 감사드립니다. 나를 만나고 나의 아내가 되어 교회의 힘들고 어려운 일을 감당하면서 지금도 내편이 되어 함께 전도하는 아내 조혜영 사모에게 고마움을 전합니다. 아빠가 작은 교회를 하고 있음에도 불구하고 신학대학에서 공부하고 있는 쌍둥이 아들 은규와 진규에게 사랑한다고 전합니다.

교회가 힘들고 어려운 일이 있을 때 승리교회를 위해 기도해 주시고 힘이 되어 주신 부모님 이세림 권사님과 심우순 권사님, 장모님 이옥근 권사님의 사랑에 감사드립니다.

매일 전도하면 됩니다. 전도결과에 신경 쓰지 않고 오늘도 전도하러 나가는 여러 전도자들이 계셔서 진심으로 응원하고 기도합니다. 매일 전도하니 전도자가 살아납니다. 전도자가 사니 가정도 살고, 교회도 살고, 민족도 삽니다. 매일 전도하게 하신 하나님 아버지께 감사하고 모든 영광을 하나님께 돌립니다.

이충섭 목사

전도자의 준비

Part
3

전도자의 전도

Part 4

전도자의 미래

전도자의
준비

친구의 전도

　1963년 3월 6일 경기도 양평군 달월면 봉상리에서 셋째 아들로 태어나 4살이 되도록 걸음을 걷지 못해 신체장애라는 것을 알았습니다. 신체장애 5급입니다.

　6살이 되었을 때 서울 옥인동으로 이사했는데 옆집에 살고 있는 이석주라는 친구가 서울 체부동교회로 전도해 그때부터 교회 다니며 예수님을 믿기 시작했습니다. 교회에 가면 건빵, 사탕, 과자를 매주 먹을 수 있었습니다. 나는 교회에 먹을 것을 받는 재미로 열심히 다니게 되었습니다.

　예수님을 믿도록 전도하여 준 이석주가 정말 고맙습니다. 예수님을 믿고 하나님의 자녀가 되게 해 주었으니 감사하지요. 더군다나 그 친구의 전도로 예수님을 믿을 뿐만 아니라 목사가 되었으니 더욱 감사합니다. 오랫동안 어린이 부흥사가 되었고, 고등학교에서 설교하는 목사가 되었고, 몇 년 전부터 매일 전도하는 목사가 되었습니다.

전도가 한 사람의 운명을 바꿀 수 있습니다. 어느 회사의 광고는 "순간의 선택이 10년을 좌우한다"고 하지만 예수님을 믿는 것은 평생을 좌우할 뿐만 아니라 영원한 생명을 얻게 되는 것입니다.

하나님이 세상을 이처럼 사랑하사 독생자를 주셨으니 이는 그를 믿는 자마다 멸망하지 않고 영생을 얻게 하려 하심이라 _요한복음 3장 16절

예수님을 만났어요

초등학교 1학년 때 청운동으로 이사하면서 서울 궁정교회에 다니게 되었습니다. 궁정교회를 다니면서 어머니가 신앙생활을 하게 되셨고 우리 형제들이 예수님을 믿게 되었지만 이때 아버지는 교회를 안 다니셨습니다. 6살 때부터 예수님을 믿으면서 주일예배를 한 번도 빠지지 않고 신앙생활을 하고 있습니다.

지금 목사가 되어 목회를 하면서 예배에 빠지지 않고 신앙생활 하는 성도들이 있기만 해도 행복한 목회를 하는 것입니다. 예배 잘 드리는 성도 12명만 있어도 교회가 얼마든지 성장할 수 있다는 자신감이 있습니다. 왜냐하면 예수님께서도 12명의 제자로 세계를 움직이셨기 때문입니다. 신앙생활의 가장 기본인 예배를 잘 드리는 성도가 되어야 합니다.

궁정교회를 다니면서 초등학교 3학년 때 예수님을 만났습니다. 친구와 싸우는 날에 예수님께서 나에게 찾아오셔서 사랑하신다고 말씀하셨습니다.

"나는 너를 사랑하는데 너는 친구를 사랑하지 못하니?"
"충섭아, 내가 너를 사랑한다."

눈물이 왈칵 쏟아졌습니다. 나는 장애를 가지고 있어서 다른 사람에게 사랑받지 못하며 살아왔습니다. 더군다나 공부도 잘 못하는 문제투성이인 나를 사랑하신다는 말씀에 그저 감사하고 고마웠습니다.

학교 공부에 나름대로 열심히 노력했지만 학교 성적이 늘 "양, 가"가 주였습니다. 그나마 교회에 다니면서 음악이 "미"였습니다. 지금도 노래를 잘하지 못합니다. 박자 음정을 잘 맞추지 못합니다. 목사가 찬송만 잘하여도 예배분위기를 훨씬 좋게 리더 할 수 있어 교회를 부흥시키고 성장시키는 데 도움이 됩니다.

교회는 여러 사람들이 필요한데 특히 찬양 잘하는 사람들이 있으면 예배분위기도 살고 예배가 살아 움직일 수 있습니다. 교회마다 하나님을 높이며 하나님께 찬양 잘하는 사람들이 모여지길 기대합니다.

초등학교 때 친구들을 많이 전도했습니다. 교회에서 주는 출석상, 전도상, 요절상도 많이 받았습니다. 교회에 가면 매주마다 하나님의 말씀을 암송하는 요절이 있었습니다. 그 요절을 노트에다 붙이고 말씀을 암송하는 것입니다. 나는 매주 요절 말씀을 암송하였습니다. 초등학교 때 외웠던 말씀을 지금도 기억하고 있습니다.

　　어렸을 때 외었던 하나님의 말씀이 인생의 큰 영향을 미칩니다. 그래서 지금 우리 교회학교에도 매주 성경말씀 한 절을 암송합니다. 처음에는 힘들어 하지만 매주 말씀을 외우다 보면 자연스럽게 하나님의 말씀을 암송할 수 있습니다. 하나님의 말씀을 암송하는 학생 중에는 공부 잘하는 학생이 있어 고맙습니다. 물론 그 학생이 열심히 공부하기 때문에 좋은 성적이 되었겠지만 머리가 좋으면서도 말씀을 암송하는 것도 영향이 있다고 봅니다.

　　하나님의 말씀을 암송하는 것은 참으로 중요합니다. 하나님의 말씀은 살았고 운동력이 있어 어렸을 때 외웠던 말씀이 지금도 살아서 움직이고 있습니다.

　　예수님을 만난다는 것은 예수님께서 나에게 주시는 말씀이 깨달아지고 예수님의 사랑이 마음에 찾아오는 것입니다. 예수님을 나의 주로 고백하는 것은 참으로 귀하고 복됩니다. 또한 예수님을 믿는다는 것은 하나님의 자녀가 되어 하나님께 예배드리고 기도하면서 사명을 잘 감당하는 것입니다. 예수님께서 하셨던 여러 가지 일 중 하나인 전도에 동참되는 것은 이 세상을 구원하려는 하나님의 소원을 이루는 것입니다.

3가지 꿈

"충섭이는 어떤 꿈을 가지고 있니?"

국어 선생님이 물으셨습니다. 공부도 잘하지 못하고 똑똑하지도 않았던 나에게 선생님의 질문은 변화를 일으킬 수 있는 큰 감사였습니다.

그때 나는 3가지 꿈을 갖게 되었습니다.

첫째는 잘 가르치는 선생님이 되고 싶었습니다. 열심히 공부는 하지만 성적이 좋지 않을 수 있습니다. 공부를 안 해서 성적이 안 나오면 어쩔 수 없지만 열심히 공부해도 성적이 나오지 않으면 공부하는 방식을 바꾸어 주어야 합니다. 공부하는 방식이 잘못되어 좋은 성적을 낼 수가 없는 것입니다. 선생님이 많은 지식을 가지고 있다고 해도 잘 가르치는 것은 또 다른 문제입니다. 선생님은 학생들에게 공부를 잘할 수 있도록 잘 가르쳐야 합니다. 단순한 지식만 전달하기보다는 공부를 잘할 수 있도록 공부 방법을 잘 가르쳐 주어야 합니다. 그리고 공부를 잘 못한다고 그냥 내버려 두는 것이 아니라 책임감을 가지고 공부를 할 수 있도록 도와야 합니다. 공부 기초를 놓치면 공부하기가 더욱 힘들어지기 때문입니다. 내 마음속에서 잘 가르치는 선생님이 되고 싶었습니다.

둘째는 훌륭한 목사님이 되고 싶었습니다. 중등부 시절에 열심히 신앙생활하면서 복음을 전하는 사람이 되었으면 좋겠다는 생각이 들었습니다. 특별히 해외에 나가 복음을 전하는 선교사님들을 후원하는 사람이 되었으면 좋겠다는 마음을 먹었습니다. 주위에서는 충섭이는 목사가 되었으면 좋겠다는 말을 해주기도 하였습니다.

셋째는 사회사업가가 되고 싶었습니다. 나처럼 장애를 가지고 있는 사람들이 행복한 세상을 살아 갈 수 있으면 좋겠다는 생각이 들었습니다. 장애를 가지고 있으면 자칫 열등감과 자신감이 없어 보입니다. 장애를 가지고 있는 사람이 장애를 가지고 있는 사람을 돕고 싶은 것입니다. 이 세상에는 장애를 가지고 있는 사람들이 많이 있습니다. 이 사람들에겐 사랑을 주고 무엇보다도 사람대접을 받게 하는 것이 중요합니다.

이렇게 교사, 목사, 사업가가 내 꿈이 되었습니다. 이 꿈을 이루기 위해 오늘도 나는 달려가고 있습니다. 꿈이 있으면 그 꿈이 우리를 이끌어 갑니다. 인생은 꿈꾸는 대로 믿음대로 됩니다. 이 세상에 있는 사람들이 꿈을 가지고 살아가야 하는데 꿈조차 갖지 못하고 방황하며 살아가는 사람들이 많습니다.

　꿈을 이루어가기 위해서는 하나님의 은혜를 체험해야 합니다. 예배드리고 기도하고 말씀을 들음으로 예수님을 만나 변화되는 것입니다. 어린 시절이나 청소년 시절에 예수님을 만난다는 것은 정말 복중에 복입니다. 어렸을 때부터 믿음과 꿈을 갖고 신나고 즐겁게 살아가야 합니다.

중등부 회장

중등부시절은 참으로 즐겁고 행복한 삶을 살았던 시기입니다. 어느 토요모임에 선생님들이 한 명도 나오지 못하신다고 하셨습니다. 요한복음을 매주 한 장씩 공부하였던 터라 중등부 회장인 나는 요한복음 6장을 공부해 갔습니다.

요한복음 6장은

1) 오병이어의 기적

2) 물 위를 걷는 기적

3) 생명의 떡에 대한 교훈

4) 예수님의 살과 피, 부활 승천

을 말씀하고 있습니다. 지금도 요한복음 6장을 볼 때마다 그때 공부했던 성경말씀을 기억하고 있습니다.

예수께서 이르시되 나는 생명의 떡이니 내게 오는 자는 결코 주리지 아니할 터이요 나를 믿는 자는 영원히 목마르지 아니하리라 _요한복음 6장 35절

특히 요한복음 6장 63절은 현재 은혜 캠프를 하면서 어린이부흥 사이신 박연훈 목사님께서 핵심 말씀으로 "살리는 것은 영이니 육은 무익이니" 하시며 어린이라도 은혜를 받으면 평생 간다고 하셨습니다. 어렸을 때 은혜를 받아야 합니다. 어렸을 때 예수님을 만나야 합니다. 어렸을 때 말씀을 읽고 기도하고 전도하는 것을 할 줄 알아야 합니다. 어렸을 때 배우고 듣고 깨달았던 말씀은 평생 갑니다.

살리는 것은 영이니 육은 무익하니라 내가 너희에게 이른 말은 영이요 생명이라 _요한복음 6장 63절

큰형님

1979년 2월 1일에 군에 간 큰형님이 돌아가셨습니다. 군에서 탈영병이 생겼는데 탈영병을 잡으러 나갔다가 탈영병이 쏜 총에 맞아 형님과 어느 고등학교 선생님이 희생을 당하셨습니다.

이 세상을 살다보면 부모보다 자식이 먼저 세상을 떠나기도 합니다. 그것을 바라보는 부모님의 마음은 어떻겠습니까? 우리 큰형님이 예수님을 믿고 일찍 부모보다 먼저 천국에 갔습니다. 형님의 장래를 치루면서 어머님과 아버님의 눈물을 보았습니다. 자식이 부모보다 먼저 세상을 떠나는 것은 부모님께 큰 짐입니다. 아들을 먼저 보내야 하는 아버지의 마음을 느낄 수 있었습니다.

이 세상에서 일어나는 사건 사고는 정해놓고 일어나는 것이 아닙니다. 어느 날 갑자기 일어나는 것입니다. 그러기에 우리는 전도하는 일을 내일로 미룰 수 없습니다. 다음에 다음에 하다가 어느 날 갑자기 전도의 기회를 잃어버릴 수도 있습니다. 그러니 오늘의 할 일은 내일로 미루면 안 되는 것입니다.

매일 전도해야 할 이유가 여기에 있습니다. 오늘 만나서 예수님을 믿을 것을 권할 때 예수님을 영접하는 사람이 있을 것입니다. 내일 일은 몰라도 오늘 해야 할 일은 영혼 사랑, 영혼 구원하는 일입니다. 이 세상에 영혼이 구원받는 것만큼 중요한 것이 없습니다. 영혼구원은 아주 중요한 일이고 급한 일입니다.

하나님께서 아들 예수님을 이 땅에 보내시고 십자가를 지게 하시기까지의 그 사랑이 있습니다. 십자가를 지게 할 만큼 그토록 사랑하는 하나님 아버지의 마음을 느낍니다.

야간 고등학교

고등학교를 가기 위해 연합고사를 보았습니다. 시험 결과가 인문계에 들어갈 성적이 되지 못했습니다. 고등학교를 갈 수 없는 상황에서 어머니가 여기저기 알아보시다가 서울 남영동에 있는 선린상업고등학교 야간에 입학하게 되었습니다. 고등학교 입학하기 전에 광화문에 있는 부기 주산학원을 다녔습니다. 부기 주산을 배우는 것이 재미있었습니다.

고등학교 야간이 시작이 되었습니다. 야간에 학교를 가야 했기 때문에 아침에 삼청동에 있는 정보 도서관에 다니게 되었습니다. 이때 도서관을 같이 다니던 유지선이라는 친구가 있었습니다. 키가 크고 성격이 좋고 공부도 잘해 직장 쌍용에 들어갔고 재수도 하지 않고 대학에 입학하였습니다. 지금까지도 나에게 연락을 주면서 좋은 관계를 가지고 있습니다.

고등학교 1학년 때 부반장을 했습니다. 초등학교, 중학교 때 한번도 해 보지 못했던 학급 임원 부반장입니다. 첫 학기 중간고사 시험을 봤는데 반에서 3등이었습니다.

우리 반 김희구라는 친구랑 늘 같이 다니며 희구를 궁정교회로 전도하였습니다. 희구는 교회를 다니면서 공부를 잘하게 되었습니다. 내가 반에서 1등하였을 때 희구가 반에서 4등을 하였습니다. 희구는 반에서 제일 큰 학생입니다. 나랑 가끔 탁구를 치는데 빽을 잘 쳤습니다. 선린상업고등학교 생활은 즐거웠습니다. 부기 2급을 1학년 때 따고 주산 2급은 2학년 8월에 땄습니다. 상업고등학교에서 기본적으로 갖추어야 할 것은 다 갖추어 놓았습니다. 그러기에 학교에서 하는 공부가 힘들지 않았습니다.

고등학교 3학년이 되었습니다. 담임선생님은 선린중학교에 계시다가 선린상업고등학교 야간으로 오셨습니다. 그 때문에 학생 취직을 안내해 주는 것이 서툴렀습니다. 더군다나 장애를 가지고 있는 나는 취업 면접 볼 수 있는 기회를 가져 볼 수 없었습니다. 그런데 주간에 있던 김청이라는 친구는 공부도 잘하였지만 장애우에게 특혜를 주었는지 은행에 취직하였습니다. 3학년 학교 성적이 좋지 않았습니다. 그래도 졸업할 당시 야간 300명 중 9등하였기에 내신 성적 1등급을 받았습니다.

야간 고등학교를 다니면서 힘들고 어렵게 공부하는 사람이 있다는 것을 알게 되었습니다. 낮에는 직장을 다니고 밤에는 학교에서 공부하는 친구가 있었습니다. 그 친구는 공부도 잘하였습니다.

공부하고자 하는 사람은 시간이 없다고, 가정형편이 좋지 않아 공부 못하겠다고 말하지 않습니다. 공부하고자 하는 사람에게는 공부할 수 있는 기회가 주어집니다.

　야간고등학교 친구들은 의리가 있었습니다. 힘들고 어렵게 공부하여서인지 서로의 마음을 잘 이해해 줍니다. 중학교 때까지 공부하는 맛을 몰랐는데 고등학교 때 성적이 잘 나오니 공부하는 것이 재미있었고, 다른 친구들을 가르쳐 줄 때는 희열을 느꼈습니다. 인생을 살면서 좀 힘들게 살아도 즐거움이 있을 수 있다는 것을 배웠습니다.

세례의 약속

1979월 12월 21일에 궁정교회 구본홍 목사님께 세례를 받았습니다. 세례를 받기 위해 교리 문답이 있었습니다.

"예수 그리스도가 나의 죄를 위해 십자가에 못 박히시고 부활하신 것을 믿습니까?"
"아멘!"
"교리와 장정을 지켜 교인의 의무를 다 할 것입니까?"
"아멘!"

열심히 신앙생활을 하였던 나는 세례를 받음으로 하나님의 자녀답게 살겠다는 다짐을 하였습니다. 세례는 6살 때부터 신앙생활을 한 내가 다시 한 번 예수 그리스도에 대한 분명한 신앙 고백이었습니다.

목사가 된 내가 성도들에게 세례를 베풉니다.

"성부와 성자와 성령으로 세례를 주노라."

세상 사람들이 예수님을 믿고 거듭나서 하나님의 자녀로 살아가겠다는 약속이 세례인 것입니다. 목회를 하면서 가장 보람 있는 시간이 이 세례를 베풀 때입니다. 예수님을 믿고 거듭났다는 증거로 세례를 베풀기 때문입니다. 앞으로도 세례를 많이 베푸는 목사가 되고 싶습니다. 수평이동이 아닌 새로 예수님을 믿는 사람들이 많이 생겨야 합니다. 전도해야 할 이유가 여기에 있습니다.

교회들이 살아나려면 세례를 많이 베푸는 교회들이 되어야 합니다. 세례받는 사람들이 있다는 것은 전도가 되었다는 것이고 예수님을 믿기로 했다는 것은 사람들이 예수님을 믿고 회개했다는 것입니다. 회개하는 사람이 많으면 세례받는 사람도 많아지는 것입니다.

앞으로는 세례교육이나 새 신자들의 교육을 말로만 가르치는 것이 아니라 몸으로 행동으로 예수님을 믿는 모습을 보여줄 수 있는 신앙이 필요합니다. 예배드리는 것은 이렇게 하는 것이고, 기도하는 것은 이렇게 하는 것이고, 봉사는 이렇게 하는 것이고, 신앙생활, 가정생활은 이렇게 하는 것이라고 본을 나타내는 삶의 모델이 되어야 합니다.

재수생활

　일 년을 재수를 하면서 인생의 쓴맛을 보았습니다. 그러나 재수라는 것도 한 번 해보는 것도 괜찮습니다. 인생을 바로 가는 것보다 한 발짝 뒤로 물려나 보는 것도 나쁘지만은 않습니다.

　재수하면서도 교회에 열심히 다녔습니다. 교회에 있는 사람들의 '가서 공부나 하지, 뭐 하러 교회에 와.' 하는 눈빛을 느꼈습니다. 교회 안에 있는 사람들의 인식이 바뀌어야 합니다. 교회는 누구든지 올 수 있는 분위기가 되어야 합니다. 누가 와도 환영할 수 있는 분위기가 되어야 합니다. 그러려면 먼저 미소가 있어야 합니다. 항상 웃는 얼굴로 사람을 맞이하고 따뜻한 칭찬과 격려가 필요합니다.

　"어떻게 오셨나요? 무엇을 도와 드릴까요?"

　재수생활을 하면서 학력고사를 다시 보았습니다. 썩 좋은 성적은 아니지만 내신 성적이 30%를 반영하기에 내신 1등급을 받은 나는 그래도 좋은 성적이었습니다.

감리교신학대학교 합격자 발표하기 전 날 학교에 갔었습니다. 합격자발표는 예정 날보다 일찍 발표하기도 합니다. 교무과에 갔는데 문이 잠겨 있어 서무과로 갔는데 거기에 합격자 명단이 있었습니다. 합격자 명단에 내 수험번호가 있었습니다. 나는 합격자 발표하기 전 날 합격을 알게 되었습니다. 너무 기뻤습니다. 신학대학교에 입학할 수 있다는 것이 기뻤고 뭔가에 좋은 결과를 해낼 수 있었다는 것이 기뻤습니다.

재수하고 싶어 하는 사람은 없습니다. 원하는 대학을 진학하기 위해 공부가 더 필요한 것입니다. 재수를 하면서 새벽부터 저녁 늦게까지 학원에서 공부하였습니다. 종합반과 단과반을 함께 다녔습니다. 재수하면서 느꼈던 것은 자기관리입니다. 자기관리를 잘하는 사람이 승리합니다. 이리 왔다 저리 갔다 하는 사람은 실패합니다. 꾸준히 끝까지 인내하는 사람이 성공합니다. 재수한다고 다 성공하는 것은 아닙니다.

성공하기 위해선 자기 관리를 잘하면서 꾸준히 공부해야 하며 분명한 목표를 가지고 있어야 합니다. 목표 없이 막연한 공부는 위험합니다. 목표가 분명히 서야 방향을 세울 수 있습니다. 이것으로 볼 때 나는 처음부터 목표를 잘 세웠고 꾸준히 공부할 수 있어 원하는 대학에 입학하게 되었으니 감사합니다.

교육전도사

신학대학을 졸업하고 궁정교회를 나와 교회 전도사로 나가서 어린이나 학생들을 가르치는데 제대로 할 수 있는 것이 아무것도 없었습니다. 은천교회에 있을 때 교육전도사로서 목회의 기본을 배웠습니다. 감리교신학대학교 신학대학원을 다니면서 부천 성은교회 교육전도사로도 있었습니다.

교육전도사는 그 교회 몇 년 안 있어 교회를 옮기지만 그 교회 평신도 지도자는 평생 있을 것입니다. 그러기에 교육지도자와 평신도 지도자가 서로 협력하는 관계를 가져야 합니다. 대립관계로 가면 안 되는 것입니다.

교육지도자는 담임목사, 교육목사, 교육전도사, 교육간사 등 모두 다 포함됩니다. 교육지도자는 말씀과 영성에 대해서 더 깊이가 있어야 하고 교사의 영성관리를 잘해야 할 뿐만 아니라 교사의 형편 즉 교사들의 생일이나 기도제목이 무엇인지, 교사들 간 갈등은 없는지 잘 살펴보아야 합니다.

평신도 지도자가 교육지도자의 지도를 받지 않는다는 것은 영적 질서가 무너지는 것입니다. 교육지도자가 교사들에게 어떻게 하느냐에 따라 그 교회학교가 달라지는 것입니다. 교회학교는 누가 교사를 하느냐에 따라 달라집니다. 교사들이 사랑과 말씀, 기도로 무장되어야 어린이나 학생들에게 영향을 줄 수 있습니다. 무엇보다도 교사가 예수님을 나의 구주로 영접하고 구원의 확신을 가지고 있어야 합니다.

담임목사와 교육지도자의 갈등이 있을 수 있습니다. 담임목사가 추구하는 목회 방향과 교육지도자의 교육 방향이 다를 수 있기 때문입니다. 교육지도자는 담임목사님의 목회를 돕는 사역이라는 것을 잊지 말아야 하기에 담임목사님의 목회 방향을 따라야 합니다.

성은교회에서 2년 있다가 서울 중계교회로 다시 교육전도사로 가게 되었습니다. 중계교회에서 교회학교 부흥을 맛보았습니다. 교회학교 어린이 부서가 30명에서 3개월 만에 100명이 모이는 교회가 되었습니다. 교육전도사와 8명의 교사가 함께 이루어 갔습니다.

이때 교육 방향은
1. 무학년제도입니다.
선생님과 어린이들이 전도하면 자기 반으로 데리고 가는 것입니다. 학년제로 하면 전도하는 데 한계가 있었기 때문입니다.

2. 분반학습 워크숍을 하였습니다.

다음 달에 어떤 내용을 가르칠 것인가를 스케치북에다 미리 만들어 와 한 과씩 발표하였습니다. 교사들이 적극적으로 참여하였고 자기가 표현하는 방식과 다른 교사가 표현하는 방식을 보면서 서로 배우고 어린이 관리를 서로 의논하면서 잘 섬겨 주었습니다.

3. 교사관리를 잘하였습니다.

무단결석 3번하면 교사를 못하게 하였습니다. 지각하거나 준비를 잘하지 못하면 징계도 하였습니다. 교사들이 마음과 마음이 하나 되니 교회학교가 잘 되었고 덕분에 청년부도 부흥할 수 있었습니다. 나중에 청년부 회원 중에서 부부가 된 가정도 있습니다.

교육전도사는 담임목사의 목회 방향이 어디에 있는지 분명히 알고 잘 도와 교회에 인적, 물적 자원을 활용하여 맡은 부서를 부흥시켜야 합니다. 교육전도사가 때로는 평신도 지도자보다 못할 때가 있습니다. 헌신도 떨어지고, 학생 지도도 떨어지는 경우가 있습니다. 더군다나 교육전도사가 교회에 와서 이것저것 해본다고 프로그램을 돌리며 교회에 혼란을 줄 때가 있습니다. 교육전도사는 교회학교 부장과 교사관리를 잘하면서 교사와 하나가 되는 것이 무엇보다 중요합니다.

교회학교 교사가 너무 불성실하면 안 하는 것이 좋습니다. 진심으로 교사를 하겠다고 하는 사람만 해도 충분합니다. 한 교사가

37명의 어린이를 관리하는 것을 보았습니다. 교사에 사명이 있는 한 사람이 교사 사명을 대충하는 백 명보다 났습니다. 적은 교사라 하더라도 하나가 되어야 합니다. 하나가 되는 길은 교육전도사와 교사가 성령 충만해야 합니다. 회의만 많이 하지 말고 함께 기도하는 시간을 더 많이 가져야 합니다. 기도하는 만큼 하나님의 역사가 일어납니다.

어린이 부흥회 인도

1992년 7월 17일은 처음으로 어린이 부흥회를 인도한 날입니다.
한양제일교회 어린이가 모인 수는 300명이었습니다. 그때 전한 말
씀이 다윗과 골리앗, 바디매오입니다. 손 인형도 준비하고 손 유희도
준비하여 처음 인도하는 어린이 부흥회였지만 참으로 좋았습니다.

1993년 2월에는 3일 동안 어린이 부흥회를 인도하였습니다. 주
제는 "예수님을 닮아가는 어린이"였고 표어로는 "뜨겁게 찬양하고,
뜨겁게 기도하고, 뜨겁게 전도하는 어린이가 되자."입니다. 그때 했
던 어린이 설교가 지금까지 어린이 부흥회를 인도하는 내용이 되었
습니다.

어린이 부흥회를 인도하면서 어린이들이 말씀을 듣고 눈물로 기
도하면서 기뻐하는 모습을 보았습니다. 어린이 부흥회를 인도하면
서 깨닫는 것은 교회에서 무엇보다 준비해야 할 것은 뜨거운 기도
입니다. 기도하는 만큼 변화되는 것입니다. 어린이들이 교회를 오
래 다녔어도 기도할 줄 모른다면 소리 내서 기도하는 것을 훈련해

야 합니다.

　어린이들에게 은혜를 받게 하려면 교사들이 먼저 모여 뜨겁게 기도해야 합니다. 누가 와서 말씀을 전한다 할지라도 하나님의 말씀에는 권세가 있습니다. 그러기에 말씀이 내 것이 되기 위해서는 뜨거운 기도가 있어야 합니다. 교회학교들이 말씀을 읽는 것과 소리 내서 뜨겁게 기도하는 것을 훈련한다면 그 교회학교는 놀라운 부흥이 일어날 것입니다.

　예수님을 나의 구주로 고백되어지는 영접기도는 정말 중요합니다.

"하나님!
저는 죄인입니다.
저의 죄 때문에 십자가에 못 박혀 죽으시고
다시 사신 예수님의 피로 저의 죄가 용서받고
천국 갈 것을 확실히 믿습니다.
예수님 저의 마음속에 들어와 주세요.
예수님의 이름으로 기도드립니다. 아멘!"

전도자의
목회

교회 개척과 결혼

의정부 가능동에 적당한 장소가 있어 전세(2천만 원)와 월세(20만 원)로 계약을 하였습니다.

교회 개척을 앞두고 1993년 3월 6일 오후 2시 궁정교회에서 아내 조혜영과 결혼하게 되었습니다. 결혼하기 위해 장인어르신이 살고 있는 강화 집으로 인사하러 갔지만 장인어른은 결혼을 반대하셨고 결혼식장에도 오시지 않았습니다. 아내가 힘들고 어려운 상황 속에서도 하나님께서 "선배님과 결혼하라."고 한 분명한 음성을 주었다고 나와 결혼하여 꿋꿋하게 살아갑니다.

강화 오상교회 박인환 목사님께서 잘 중재하여서 장인어른과 화목하게 되었고 그 이후로 강화를 왕래하게 되었습니다.

결혼을 앞두고 있는 사람들에게 무엇이 중요할까요? 부부로 함께 살아가는데 가장 필요한 것은 그 가정을 통해 이루고자 하는 같은 목표와 같은 마음으로 하나님의 뜻을 이루는 비전을 공유해야 할 것입니다. 남편과 아내는 서로 신뢰하고 사랑해야 합니다. 배우자의 따뜻한 말 한마디가 용기를 가져옵니다. 말 한마디가 가정을 즐겁게도 하고 힘들게도 합니다. 상대방을 배려하는 마음을 잊지 않아야 합니다. 힘들고 어려운 상황 속에서, 신뢰하는 관계 속에서 하나님의 사랑이 흐릅니다.

배우자를 위해 오랫동안 기도한 아내는 나에게 준 하나님의 선물입니다. 아내가 있기에 가정도 목회도 할 수 있음을 고백합니다. 아내를 더욱 사랑해야 합니다. 너무나 고생하는 아내에게 좋은 남편, 좋은 목사가 되어야 합니다.

임마누엘교회의 시작

1993년 3월 27일, 의정부지방 임마누엘교회를 시작하였습니다.
이사야 41장 10절 말씀은 하나님께서 저에게 주신 말씀입니다.

두려워하지 말라 내가 너와 함께 함이라 놀라지 말라 나는 네 하나님이 됨이라 내가 너를 굳세게 하리라 참으로 너를 도와주리라 참으로 나의 의로운 오른 손으로 너를 붙들리라

그리고 마태복음 4장 23절에 근거하여 예수님의 사역을 닮아가기를 원했습니다.

예수께서 온 갈릴리에 두루 다니사 그들의 회당에서 가르치시며 천국 복음을 전파하시며 백성 중의 모든 병과 모든 약한 것을 고치시니

세계선교를 감당하는 교회
인물을 배출하는 교회
지역사회에 봉사하는 교회

전도해봤어!

이런 교회가 되기를 지금도 기도합니다.

창립예배를 마치고 첫 새벽기도회 예배를 인도하였습니다. 아무도 나오지 않았지만 혼자 찬양하고, 기도하고, 설교하였습니다. 그래도 얼마나 힘이 났는지 모릅니다. 주일 낮예배는 아내랑 둘이 드렸습니다. 아내가 이렇게 해서는 안 되겠다고 하여 전도지 80장에다 사탕을 묶어서 토요일에 전도하였습니다.

1993년 4월 11일 임마누엘교회 어린이 예배가 시작되었습니다. 그날 와서 예배드린 어린이가 10명입니다. 어린이 부서는 부흥하기 시작하였습니다. 매주마다 10명씩 늘어나 어린이 부서가 40명 정도 되었습니다. 그런데 이들을 가르쳐야 할 교사가 없는 것과 어린이 안에서 갈등이 있어 더 이상 성장하지 못하였습니다.

1993년 5월 9일에 임마누엘교회 첫 어른 성도가 왔습니다. 당시 가능교회에 다니던 심윤심 집사님이 오셨습니다. 심윤심 집사님은 아들 김준호와 함께 교회에 나오셨습니다. 심윤심 집사님의 언니 심태봉 집사님과 아들 이진우와 딸 이지영도 교회에 나오기 시작하였습니다. 진우랑 지영이랑 둘이서 중고등부 예배를 토요일마다 드렸습니다. 지영이는 전도를 잘해 중고등부가 10명 정도 늘어났습니다. 이때 교회 건물주인 이명숙 집사님도 교회에 나오기 시작하였습니다.

이렇게 시작한 임마누엘교회는 1994년도에 한지혜와 김현정 청년이 평화교회에서 신앙생활을 하다가 임마누엘교회로 왔습니다. 한지혜를 따라 나온 남자 청년도 있었습니다. 한지혜는 감리교신학대학교에 입학하게 되었습니다. 한지혜 식구가 많았습니다. 한지은, 지영, 지혜 3자매인데 한지은 남편 가족까지 해서 10명 정도가 교회에 나왔습니다. 교회 전체 30명 정도 예배드리는 교회가 되었습니다.

처음 교회 개척하는 사람에게 무슨 말을 해야 할까요? 하나님께서 교회를 왜 개척하게 하셨는지를 알아야 합니다. 교회를 개척해야 목사 안수를 받기에 교회를 개척해서는 안됩니다. 교회 개척해야 할 분명한 목적이 있어야 합니다. 교회는 사람의 힘으로 할 수 있는 것이 아닙니다. 사람을 의지할 필요가 없습니다. 물질 때문에 어려움을 당하지 않아야 합니다. 그래서 먼저 개척자의 부부가 교회에 나와 성경 보고 소리 내서 기도하라고 권면하고 싶습니다.

목사 부부만 교회를 개척하는 것보다는 함께 동역할 수 있는 사람들이 있어야 합니다. 이것부터 하나님의 역사를 맛보아야 합니다. 우리 지방회에도 아무도 없이 목사 가정만 교회 개척하여 마음 고생을 많이 하는 것을 보았습니다. 함께 동역할 수 있는 사람을 찾아서 함께 교회를 이루어가는 것이 너무나도 중요합니다. 우리 교회가 어떤 교회가 되기를 원하는지를 늘 물어보고 함께 동역할 사람들이 있어야 합니다. 함께 할 동역자들이 없으면 특히 부부가 한 마음으로 기도부터 해야 합니다. 성령의 불을 받아야 합니다. 성령이 역사하시는 것을 반드시 봐야 합니다.

매일 성경 읽는 것을 권합니다. 정독도 다독도 다 권합니다. 말씀을 묵상하는 것도 말씀 연구하는 것도 다 좋습니다. 또한 말씀과 함께 사람도 알아야 합니다. 성도들에게 무엇이 필요한지를 살펴볼 수 있는 마음, 즉 사랑하는 마음이 있어야 합니다. 사랑목회를 해야 합니다. 예수님의 십자가의 사랑으로 온전히 무장하고 실천하는 사람이 강한 자입니다. 말로만 사랑하는 것이 아니라 교인과 함께 식사도 하며 대화 나누는 것을 실천하는 사람이 목회를 잘하는 것입니다.

쌍둥이 아들이 태어났습니다

1994년 4월 20일 오전 9시 30분에 쌍둥이 아들이 태어났습니다. 이름을 어떻게 지을까 기도하다가 요한복음 1장 14절 "은혜와 진리가 충만하더라"라는 말씀이 생각나게 하셔서 은규와 진규라는 이름을 짓게 되었습니다.

> 말씀이 육신이 되어 우리 가운데 거하시매 우리가 그의 영광을 보니 아버지의 독생자의 영광이요 은혜와 진리가 충만하더라 _요한복음 1장 14절

쌍둥이 아들을 키우는 것이 보통 일이 아닙니다. 매일 목욕시키고 분유 분배하고 병원에 다녀야 했습니다. 이렇게 자라던 은규와 진규가 1994년 12월 4일에 감리교신학대학교 송순재 목사님께 유아세례를 받게 되었습니다. 송순재 교수님의 아내 되신 사모님께서 은규와 진규를 위해 따뜻한 이불을 선물로 가져 오셨습니다.

자녀를 어떻게 키우는 것이 좋을까요? 오랫동안 어린이집회를 인도하면서 어린이들을 많이 보았습니다. 어린이들이 예수님처럼

건강하고 지혜롭고 사랑스럽게 자라나도록 늘 기도하며 어려서부터 성경 말씀을 읽게 해야 합니다. 부모가 늘 눈물로 기도하면 자녀는 부모가 기도하는 모습을 배웁니다. 부모가 예배를 소중히 여기면 자녀가 예배를 소중히 여깁니다. 반대로 부모가 예배를 중요시 여기지 않으면 자녀도 예배를 중요시 여기지 않습니다.

부모는 자녀에게 늘 관심을 가지고 있어야 합니다. 은규, 진규는 어렸을 때 종이접기와 피아노를 열심히 했습니다. 태권도도 하였습니다. 엄마랑 공부를 같이 했던 것이 기억납니다. 공부하는 데 있어서 기초를 잘 세워 주는 것이 무엇보다도 중요합니다. 기초를 세워 주는 것은 교사가 아니라 부모의 몫이라는 것을 꼭 기억해야 합니다. 그 기초가 세워지기 위해 부모는 사랑으로 돌보아야 합니다. 엄마가 세상에 나가 돈을 버는 것보다 더 중요한 것이 아이의 인성을 세워가는 시기에 사랑을 먹고 자라나도록 해야 하는 것입니다.

결혼 주례

　　2002년 5월 4일(토) 중계교회에서 만나 지금까지 관계를 가지며 기도하고 선교하는 김문희 전도사님은 우리 교회에 와서 전도사님으로 사역하시다 필리핀 목사님이신 프레이드 목사님과 결혼하게 되었는데 이 결혼식 주례를 하게 된 것입니다.

　　필리핀 농아선교사역을 하는 동안 프레이드 목사님께서 김문희 전도사님을 아내로 달라고 기도하셨습니다. 그렇게 하여 김문희 전도사님과 프레이드 목사님은 결혼하여 지금도 필리핀에서 사역을 하고 계십니다. 우리 교회는 매달 선교비를 지원하며 기도로 후원하고 있습니다.

　　중계교회에서 짧은 만남이지만 참된 제자를 만나 지금까지 함께 사역할 수 있어 감사합니다. 지금도 카톡으로 소식을 전하고 있습니다.

속회

2001년, 속회를 2속으로 나누어 1속은 군포 예선교회(박홍윤 목사)를 선교하고, 2속은 필리핀 농아선교(김문희 전도사)를 후원하고 있습니다. 우리 교회 속회가 부흥하고 성장하여 더 많은 일들을 감당할 것입니다.

몇 명의 성도들이 가정을 돌아가면서 예배드리고 기도하는 속회는 한 가정에 대한 기도제목이나 문제점을 파악하는 데 큰 도움이 됩니다. 속회 구성원이 영적으로 잘 맞아 속사정을 말할 수 있는 분위기가 되도록 이끌어 주어야 합니다.

속회에서 선교하는 교회를 후원하며 기도해 주는 것은 너무나 좋습니다. 선교하는 속회가 되어서 섬기는 교회로 더 튼튼히 자라나는 것을 보게 됩니다. 나누고 베푸는 교회가 좋은 영향을 끼칩니다.

작은 교회에서 속회가 활성화가 되면 교회가 부흥합니다. 주일 대예배와 가정 속회가 함께 있는 교회가 잘 자라나는 것입니다. 예

배만 드리고 성도들 간에 교제가 없이 돌아가는 것이 아니라 예배
와 나눔이 풍성한 교회가 좋습니다. 일주일간 어떤 일이 있었는지
삶을 나누는 교제까지 이루어지는 좋은 교회가 되기를 소망합니다.

2001년 당회 기록

우리 교회에 속해 있는 성도들이 모여 당회를 하였습니다. 올해에는 많은 아픔과 환난이 있었지만 여기까지 인도하신 하나님의 은혜에 감사드립니다. 2002년에는 많이 부흥할 것을 기대합니다.

2002년에 주의 일에 충성할 사람을 공개합니다. 우리 교회가 필리핀 농아선교를 하고 있는 김문희 전도사님에게는 기도와 물질이 함께 지원되고 후원해야 합니다. 그리고 대만에서 선교사역을 감당하고 있는 정화진 목사님께 물질의 후원이 되기를 희망하고 계속해서 기도해 주시기 바랍니다.

"생명을 바쳐 충성하는 목사님의 가정을 축복하여 주시고 승리하게 하옵소서!"

또한 군포에 예선교회 박홍윤 목사님을 위해 기도해 주셔야 합니다. 시각 장애자이신 목사님이기에 많은 기도가 필요하고 항상 열심과 사랑으로 지원하고 있는 사모님과 자녀들을 위해 더욱 기도해야 합니다. 교회의 존재는 선교하는 데 있습니다. 예수님을 증거하는 데 있습니다. 이 일에 앞장서야 할 사람은 김정애 집사님과 나용환 성도님입니다.

우리 교회 미래의 주인공인 어린이를 위해서는 무엇보다도 사명과 열심이 있는 교사가 필요합니다. 하나님의 사랑이 풍성한 교사가 있어야 합니다. 며칠 전에 「교회학교 교사 열정이 교회를 부흥시킵니다」는 책이 나왔음을 보았습니다. 교회학교의 오랜 경험으로 보아 교회학교가 잘되고 부흥하려면 열정 있는 교사가 있어야 합니다. 믿음과 열정으로 헌신하는 교사가 있으면 교회학교는 부흥합니다. 그리고 교회학교에 필요한 컴퓨터가 있어야 합니다. 이 일을 위해서 소복섭 집사님과 김현숙 집사님 그리고 진영주 선생님이 수고해 주셔야 합니다.

교회의 살림을 맡아 충성하고 교회의 부흥발전을 위해 헌신하고 봉사해야 합니다. 온 성도들이 주일성수하고 온전한 십일조생활과 매주 감사하는 성도가 되어 믿음의 생활을 해야 합니다. 교회의 재정을 맡아 수고할 성도는 심윤심 집사님과 김정애 집사님이십니다.

즐거운 예배 분위기와 아름다운 꽃꽂이를 하며 온 성도들이 감사와 기쁨으로 예배드리도록 최선을 다하는 예배부에는 소별선 집사님과 오중석 성도님입니다. 결석하지 말고 예배에 참석하는 성도가 되십시오.

교회 성도들에게 맛있는 식사를 제공하는 애찬과 더러워진 교회를 아름답게 청소하는 사회봉사부에는 박고덕 집사님과 이경순 집사님이십니다. 우리 교회는 받는 교회가 아니라 주는 교회로 성장해야 합니다. 우리 교회가 어렵고 힘든 사람을 돕고 복음을 전하는 교회가 되기를 기대해 봅니다.

교회에 성구와 여러 가지 비품이 잘 사용되도록 관리하고 도와주는 관리부에는 이명숙 집사님이 수고해 주실 것입니다. 그리고 영혼을 움직일 수 있는 더 아름다운 찬양의 찬양대가 되기 위해 헌신하는 문화부에는 황성애 집사님과 김은영 성도님께서 수고해 주실 것입니다.

우리 교회에 하나님이 원하는 일꾼이 필요합니다. 주일 낮예배에 반주할 사람을 찾고 있습니다. 좋은 반주자가 있기를 함께 기도해 주시고 여선교회와 속회는 추후에 선출될 것입니다. 우리 의정부 임마누엘교회가 성령과 기쁨이 충만한 교회가 되기를 위해 기도해 주세요. 감사합니다. 샬롬~~~

승리교회 다음카페에 기록되어 있어 자료들을 쉽게 찾을 수 있어 감사합니다.

교회를 섬기는 일꾼들

　　교회는 구경꾼, 말꾼만 있어서는 안됩니다. 교회 일을 열심히 하는 일꾼들이 있어야 교회가 아름답게 성장합니다. 예수님께서 12명의 제자를 세워 세계를 움직이셨습니다. 교회 일꾼 12명이 있다는 것은 교회가 튼튼하게 자라날 수 있다는 증거입니다. 목회를 준비해서 함께 할 수 있는 동역자들을 위해 끊임없이 기도하고 찾아야 합니다. 목회는 사람이 대상입니다. 사람을 좋아하고 사람과 친근하고 화목하기를 잘해야 합니다. 목회에 있어서 물질지원보다 사람지원이 더 필요할 때가 많습니다. 사람이 있어야 물질이나, 후원이 가능한 것입니다.

　　회의 때 기록된 사람들 중에는 지금까지도 교회에 봉사하고 있는 박고덕 집사님, 김정애 권사님, 김은영 집사님이 계십니다. 박고덕 집사님은 우리 교회를 제일 오래 섬기시는 집사님이십니다. 남편 되신 소삼섭 권사님께서 지방에 내려가 계시는데 시골에 내려가기 싫다고 의정부에서 혼자 생활하고 계십니다. 여러 가지 일을 하시다가 지금은 경민학교 청소하는 일을 하시면서 온전한 십일조를 하십니다. 목사가 좀 더 힘들고 어려우면 삼겹살도 사다 주시고 가끔 아내에게 용돈도 주십니다. 힘들고 지칠 때도 늘 기도해 주시고 지금도 훌륭한 부흥목사님이 되게 해 달라고 기도하십니다. 권사님 직분을 맡기려고 하여도 자신은 부족한 것이 많다고 거절하십니다.

목사를 끊임없이 후원해 주고 격려해 주고 눈물로 기도해 주는 성도가 있다는 것은 목사에게 얼마나 큰 힘이 되는 줄 모릅니다. 따뜻한 말 한마디가 힘들고 지친 목회에 힘이 됩니다. 그러나 반대로 말 한마디가 목회를 그만 두게 할 때도 있습니다. 몇 년을 함께 신앙 생활하다가 다른 교회로 가겠다고 하는 경우나, 헌금을 좀 많이 한다고 목사에게 "이렇게 하라, 저렇게 하라"고 할 때가 그렇습니다.

다른 교회에서도 섬길 수 있지요. 그러면 섬기던 목사님과 대화를 하고 마무리를 잘하고 다른 곳으로 가면 좋겠습니다. 아무 말도 없이 그냥 슬쩍 떠나는 것은 좋지 않습니다. 목회하고 있는 목사님에게 깊은 상처를 주지 않아야 합니다.

창립 10주년 예배

우리 교회가 꿈과 목표를 가지고 의정부에 세워진지 10년이 되었습니다.

"예수 그리스도를 닮아가는 교회
세계 선교를 감당하는 교회
인물을 배출하는 교회
사랑하고 치료하는 교회"

개척 10년 세월이 흘러 이제는 새로운 일이 전개될 것입니다. 무엇보다 사람을 귀중히 여길 것입니다. 상처받은 심령이 위로받고 절망 속에 있는 사람에게 희망을 줄 것입니다. 창립 10주년 기념 예배를 드리며 임마누엘교회를 향하신 하나님의 뜻과 섭리가 느껴집니다.

우리 교회가 예수 그리스도를 나타내는 교회가 되어 교회 안에서 예수님을 만나는 사람들이 있어야 합니다. "예수님을 만나 행복

합니다."라는 고백이 있어야 합니다. 이 땅에 교회가 존재하는 것은
영혼 사랑, 영혼 구원하는 데 있습니다. 예수님이 하셨던 사역을 그
대로 실천하는 교회가 되기를 간절히 소원하며 기도합니다.

행복의 시작은 예수 그리스도이십니다.
오늘도 예수님을 바라보십시오.
좋은 일이 일어날 것입니다.
믿고 바라보십시오. 그 믿음대로 됩니다.
사랑합니다.

교회 이전

　전에 있던 교회가 매매가 되었습니다. 고려치과 2층 30평에 전세 육천만 원과 월세 20만 원으로 계약을 했습니다. 그동안 기도로 함께 해온 성도들에게 감사드리고 더욱더 부흥하고 발전하는 교회와 일꾼이 되어야 할 것입니다.

　우리 교회 이전 준비는 먼저 성전 내부를 준비해야 합니다. 수도, 칸막이, 강단, 전기 공사, 주방에서 사용할 가스렌즈, 싱크대, 장의자, 피아노 등 모든 일이 준비되어야 합니다.

　두 번째는 외부를 준비해야 합니다. 종각을 해야 하고 간판 등 여러 가지 일을 해야 합니다.

　세 번째는 전도입니다. 전도할 준비를 해야 합니다. 전도된 새 식구가 우리 교회에 찾아 나올 때 따뜻한 사랑과 미소가 있어야 합니다.

　교회를 이전하면서 하나님께서 우리 교회를 사랑해 주시고 여러 사람들의 손길을 통해 일하고 계심을 강하게 느끼게 하셨습니다. 그래도 더 기도해야 합니다. 지금은 기도할 때이며 은혜 받을 때입니다. 복 받을 일을 할 때입니다. 때를 놓치지 말고 기회를 잘 잡아야 합니다.

교회 이전한다는 것은 참으로 힘들고 어려운 일이 많습니다. 더군다나 상가에 있는 교회는 그동안 모여서 예배드린 성도들이 다함께 와서 예배를 드릴 수 있는 지역과 전세와 월세가 맞아야 합니다. 예배장소 크기도 봐야 합니다. 교통편도 봐야 합니다.

새 성전 첫 주일 예배

2003년 6월 1일(주일)에 새 성전 첫 주일 예배를 드렸습니다. 교회 온 식구들이 모였고 저의 부모님과 형제들 그리고 처가댁 식구들과 프레드릭 목사님, 김문희 전도사님 그리고 성진, 선혜, 선혜 친구 모두 와서 새 성전 주일 첫 예배를 드렸습니다. "성령에 사로잡힌 교회가 되자"는 말씀을 전하고 여선교회에서 준비한 예배 후에 먹는 점심은 우리 교회가 창립한 이래로 가장 맛있는 식사를 한 것 같습니다.

특별히 오후 예배는 필리핀 프레드릭 목사님이 "나는 꿈이 있습니다."라는 제목으로 설교해 주셨는데 우리 교회가 가져야 할 선교의 꿈을 가지고 앞으로 더욱더 선교하는 교회가 되라고 말씀해 주셨습니다. 처음으로 외국 목사님이 설교해 주신 것입니다. 우리 교회가 국제적인 교회가 될 것입니다.

오늘 드려진 첫 예물은 필리핀 농아 선교를 하고 있는 김문희 전도사님께서 건축헌금과 첫 예물 50만 원을 하셔서 그 금액 모두 선교비로 다시 드렸고 나머지 성도님들이 드린 예물 중에 지방회 교회 새생명교회(김진원 전도사님)에 20만 원을 드렸습니다. 우리 교회가 작지만 큰일을 감당하는 교회가 될 것입니다.

그동안 우리 교회를 위해 기도와 헌신적으로 봉사해 주신 손길에 하나님의 놀라운 복이 임할 것을 기도합니다.

목회 동역자

　우리가 도우려고 하니 다른 곳에서 우리 교회를 돕는 손길이 생겼습니다. 친구 목사인 홍기용 목사님이 대방교회 부목으로 가면서 대림평화교회에서 받은 퇴직금 중에 우리 교회에 20만 원을 보내 준다고 하였습니다. 여러 사람들의 손길을 통해 도움을 받을 것입니다. 그래도 우리는 받는 것보다 주는 데 익숙해야 합니다. 선교하고, 기도하고, 전도하면 우리 교회가 부흥할 것입니다.

　홍기용 목사님은 저와 친한 목사님이십니다. 홍 목사님이 힘들면 내가 도와주고 내가 힘들면 홍 목사님이 도와주시고 함께 기도하면서 목회하는 교회는 달라도 늘 마음으로 응원합니다. 목회는 혼자 하는 것보다 친구 목사들과 함께 하는 것이 좋습니다. 신학대학에 다니면서 목회 방향을 공유할 수 있는 사람들과 친구 모임을 가지고 있는 것이 좋습니다. 안타깝게도 나는 인간관계를 잘 관리하지 못해 몇 명의 가까운 동료 목사님이 있을 뿐입니다.

　목회 자리는 달라도 목회에서 일어나는 여러 가지 일들을 함께 기도하고 해결해 나갈 수 있는 동료 목사님의 모임은 절대적으로 필요합니다. 혼자 목회하면 많이 지칩니다. 동급 동료 목사님뿐만 아니라 자기 목회를 돌보다 문제가 있을 때 의논할 수 있는 선배 목사님이 꼭 있어야 합니다. 동료 목사님은 해결책이 없어도 선배 목사님은 해결책을 제시합니다. 목회를 준비하는 사람은 동료 친구들과 선배 목사님을 잘 만나는 것도 복입니다.

나요셉의 교회 출석

2003년 9월 21일 주일 낮예배에 나용환, 김은영 성도의 둘째 아들 요셉이가 요한이랑 함께 왔습니다.

"하나님께서 요셉을 사랑하여 주시어 예수님처럼 건강하고 지혜롭고 사랑스럽게 자라 하나님 나라에 일꾼이 되고 나라에 큰 기둥이 되게 하소서."

우리 교회 어린 자녀들이 많이 있습니다. 우리 교회 어린이들이 믿음으로 잘 성장하기를 간절히 기도합니다.

우리 교회가 기도의 능력을 맛보는 교회가 되었습니다. 교회를 이전하여서 아내랑 틈나는 대로 꾸준히 전도하였습니다. 꾸준히 전도하니까 어린이들이 교회에 나왔습니다. 전에 있던 어린이랑 새로 전도해서 들어온 어린이들이 있어 교회학교가 성장하였습니다. 뜨겁게 찬양하고 말씀을 잘 듣는 모습을 보니 행복합니다.

특별한 세례식

2004년 4월 10일 부활절을 맞이하여 세례식을 거행했습니다. 올해 세례식은 아주 특별합니다. 왜냐하면 1993년 4월 11일에 시작된 어린이 10명 중에 하나였던 유선혜가 2004년 4월 10일에 세례를 받기 때문입니다. 어린아이가 성장하여 이제 청년이 되었고 청년 성도로 출발합니다. 또한 김우영이도 함께 세례를 받았습니다. 우영이는 작년 6월부터 우리 교회에 나온 청년입니다.

그리고 하나님이 사랑하는 오중석, 진영주 성도의 딸인 수진이도 유아세례를 받았습니다. 수진이가 예수님처럼 건강하고 지혜롭고 사랑스럽게 자라며 은혜의 샘물이 흘러나기를 기도합니다.

목회를 하면서 소원이 있다면 세례를 많이 베푸는 교회가 되어야 한다는 것입니다. 세례를 베푼다는 것은 예수님을 처음 믿기 시작하는 사람들이 많이 있다는 것입니다. 거듭나고 하나님의 자녀가 되는 세례를 많이 베푸는 교회가 되기를 오늘도 기도합니다.

집사 임명 예배

　　2005년을 맞이하여 우리 교회 신천 집사님으로 4명을 임명했습니다. 신천 집사님들이 5일간 특별새벽예배를 드리면서 집사의 사명과 생활을 들었습니다. 우리 가족과 박고덕 집사님을 포함해서 나용환 집사님, 강민호 집사님, 김금순 집사님이 참석했습니다.

　　1월 9일 집사 임명 예배를 드리는데 우리 집사님들이 양복도 입고 오시고 한복도 입고 오시는 등 집사 임명 예배를 소중히 여겼습니다. 올해 집사님이 되시는 분들은 나용환 집사님, 김은영 집사님, 강민호 집사님, 김금순 집사님이십니다. 사랑합니다. 주안에서 순종하고 충성을 다하는 집사님이 되시기를 바랍니다.

　　교회에 직분 맡은 사람들이 많이 있어야 합니다. 교회 직분이 있어야 예배와 재정적인 것을 감당하며 헌신할 수 있기 때문입니다. 율법적인 신앙이 아니라 은혜의 신앙이 먼저 되어야 합니다. 이제 갓 신앙생활하는 사람들이 교회 직분자들에 비신앙적인 모습 때문에 실망하고 낙심할 때가 많습니다. 그러기에 예수님은 믿음의 대상이고 사람은 사랑의 대상이라는 말이 있습니다. 교회 직분자들이 희생하고 남을 배려하는 마음으로 섬길 때 교회 분위기가 살아납니다. 교회 직분자들이 본이 되어야 합니다.

지방 문화제

2005년 11월 27일(주일) 의정부지방 문화제가 있었습니다. 문화제에 참가한 사람들이 약 300명 정도나 되었습니다. 우리 교회에서도 어린이를 포함해 20명 정도 참석했습니다. 참가한 우리 교회 중창단은 "하늘의 영광 넘치네" 찬양을 불렀습니다.

우리 교회 찬양을 들으면서 무한한 가능성을 보았습니다. 작지만 아름답고 얼마든지 마음과 마음이 통하면 큰일을 할 수 있음을 보았습니다. 하나님께 영광 돌리는 것이 참 좋습니다. 다음 문화제에는 귀한 찬양을 더욱 열심히 준비하여 더 잘하도록 할 것입니다.

작은 교회에서 지방 행사에 참여하는 것이 참으로 좋습니다. 지방 행사를 참석하기 위해 준비하면서 교회를 사랑하는 마음이 생기고 우리도 하면 할 수 있다는 확신도 갖게 됩니다.

지방 행사에 참여하고 온 성도들이 함께 식사를 했습니다. 교회가 부흥하기 위해서는 먹는 것을 잘해야 합니다. 어린이나 학생이나 일단 모이면 먹는 것부터 하는 것입니다. 먹을 때 웃게 되고 자연스럽게 말을 건네 서로의 삶을 나누는 친교가 됩니다. 교회 부흥은 먹는 것, 재미있는 것, 은혜로운 것이 있어야 합니다. 어느 하나도 빠지면 안됩니다. 먹고 재밌고 은혜로우면 되는 것입니다.

창립 15주년

우리 교회는 1993년 3월 27일에 창립된 교회입니다. 창립 15주년을 맞이하면서 제자를 배출하는 교회가 되자고 했습니다.

하늘과 땅의 모든 권세를 받는 제자가 되자.
가서 제자를 삼는 제자가 되자.
예수님과 동행하는 제자가 되자.

창립 15주년을 맞이하면서 학생들이 16명이 나왔습니다. 약 20명 중에 16명이 주일 낮예배에 나온 것입니다. 매주 학생들이 새로 나오고 있습니다. 매우 기쁜 일입니다. 우리 학생들에게 예수님을 믿는 분명한 목적과 하나님께서 주신 꿈과 비전을 가지고 살도록 면담하고 훈련시키고 있습니다.

창립 15주년을 맞이하면서 교회에 드럼이 들어왔습니다. 남학생들이 드럼에 관심을 보였습니다. 그리고 교회에 지경이 넓혀지도록 기도하고 있습니다. 옆 사무실이 비어 있습니다. 하나님의 섭리 속에서 교회 지경이 넓어질 것입니다.

여선교회가 작년에 이어 은퇴 여교역자 안식관을 후원하였습니다. 작년 한 번만 하려고 했는데 올해에도 선교후원금을 모아 후원하였습니다. 여선교회가 자랑스럽습니다. 작은 교회이지만 은퇴하신 목사님을 생각하고 후원할 수 있어 참 좋습니다. 앞으로 우리 교회가 해야 할 일이 많이 있습니다. 사람이 중요합니다. 일꾼이 필요합니다. 각 팀별로 함께 일할 수 있는 2명이 있기를 기도합니다. 청소년 찬양팀과 필리핀 농아선교팀을 운영하기로 했습니다.

이전된 교회의 새 이름 승리교회

우리 교회 옆에 성인용품이 들어와 교회가 이사하기로 하였습니다. 이전할 곳에 임마누엘이라는 교회가 있었기 때문에 늦게 들어가는 우리 교회가 이름을 바꿔야 했습니다. 성도님들에게 공모하여 교회 이름을 승리교회로 하기로 하였습니다.

승리교회 7대 핵심가치

1. 은혜와 진리로 하나님께 예배하는 교회(요 4:24)

   담임목사 중보 기도팀, 닛시 찬양팀, 예배 영상팀

2. 같은 말, 같은 마음, 같은 뜻, 같은 열매를 거두는 건강한 교회(고전 1:10)

   두 날개 양육팀, 제자 훈련팀

3. 복음의 절대 능력을 선포하는 교회(롬 1:16)

   열린모임팀, 시스터 전도팀

4. 말씀과 기도로 치유하는 교회(출 17:15)

   큐티팀, 교회 중보 기도팀

5. 꿈과 믿음으로 인물을 배출하는 교회(삼상 16:7)

　　축구팀, 탁구팀, 워십팀, 청소년 찬양팀, 공부방팀

6. 미소로 인사하고 대화로 칭찬하는 교회(살전 5:16)

　　영접팀, 칭찬팀,

7. 세상과 지역을 섬기는 복된 교회(히 6:14)

　　필리핀 농아선교팀, 학교 급식팀

주일 예배 25명

　　2009년 4월 5일 오늘 주일 낮예배에 22명이 나왔습니다. 목사부부, 박고덕, 김정애, 강민호, 김보배, 박상돈, 윤윤희, 안효원, 황재순, 김예찬, 김완수, 김지성, 이은규, 이진규, 박수빈, 채민정, 임유진, 조인애, 김미현, 한푸름, 푸름이 친구가 왔습니다. 오후예배에 임향진이 왔고, 아동부 예배시 오주영, 김찬솔이 왔습니다. 중학생 이상 주일 낮예배에 25명이 예배드렸습니다. 기도하니 되어집니다.

　　예배드리는 사람이 많아지는 것이 좋습니다. 예배를 잘 드리는 성도들이 많아져야 합니다. 작은 교회는 한 사람이 더 와서 예배드려질 때 그날 예배 분위기가 달라집니다. 예배드리는 사람이 있을 때 교회는 부흥하는 것입니다. 예배에 목숨 걸 사람이 절대적으로 필요합니다.

　　작은 교회에서 예배 자를 세우는 일에는 설교에 목숨 걸고, 성도들을 사랑하는 일에 목숨 걸어야 합니다. 사람의 힘으로 감당할 수 없으므로 믿음의 기도가 절대적으로 필요합니다. 영적인 전쟁이 늘 있습니다. 기도 못하게 하는 요소들이 많이 있습니다. 기도가 필요합니다. 기도하는 교회가 부흥하는 것입니다. 기도하는 교회가 승리합니다.

그들이 사도의 가르침을 받아 서로 교제하고 떡을 떼며 오로지 기도하기를 힘쓰니라 _사도행전 2장 42절

유럽 로마에서의 어린이집회

2009년 7월 26일(주일) – 8월 1일(토) 유럽 코메사(로마) 어린이 집회를 인도하고 왔습니다. 유럽 유학생들과 유럽에서 살고 있는 사람들의 영성훈련을 위해 한국에 있는 만나교회 김병삼 목사님과 몇 목사님들이 준비한 코메사입니다. 주로 청년과 장년 성도들이 모였는데 거기에 함께 하는 어린이들과 학생들이 있었습니다. 어린이들이 그때 여름성경학교를 하였습니다.

로마 연합교회 홍기석 목사님께서 어린이들을 위해 어린이집회를 인도해 줄 수 있느냐고 말씀하셨습니다. 로마에 오고 가는 비행기는 강사가 자비량으로 하여야 한다는 것입니다. 100만 원 이상 되는 물질을 사용해야 했습니다. 코메사 어린이집회를 하기로 하고 비용준비를 위해 아내가 가지고 있던 반지를 팔아 비행기 항공료에 보탰습니다. 2010년에도 코메사 어린이집회를 인도하게 되었습니다. 이때 경비를 보태 주신 분은 윤남옥 목사님이십니다. 내 힘으로는 갈 수 없었는데 하나님의 은혜로 두 번 연속 로마에서 어린이집회를 인도하게 되었습니다.

그 어린이집회에 참석하였던 어린이들이 은혜를 많이 받았고 어린이들이 스스로 기도하는 모습을 보면서 그 부모님들이 놀라워했습니다. 희주라는 어린이는 아빠에게 가서 "말씀에 의지하여 담배를 끊으세요"라고 말했다고 합니다. 어린이집회인데 자녀의 아버지와 어머니가 집회에 참석하여 은혜받으십니다.

로마에 두 번 다녀오면서 성악가들을 많이 알게 되었습니다. 윤병길 집사, 김효영 집사, 전준한 집사, 박정섭 집사, 이미영 집사, 이정표 집사, 정주휘 집사, 장미라 집사, 김시하 집사, 이혜선 선생, 손민숙 선생, 김숙희 선생, 김민지 선생, 이은희 선생, 송소영 선생, 하연주 선생, 조세린 선생, 정준식 선생, 최병혁 선생, 박현주 선생 등입니다.

찬양을 잘 못하는 나에게 찬양을 잘하는 사람들을 만났다는 행복이 있었습니다. 이들이 하나님 앞에서 부르는 찬양은 참으로 멋졌습니다.

2009년 12월 6일(주일)에 로마연합교회 윤병길 집사님, 김효영 집사님께서 우리 교회에 오셔서 봉헌송으로 '바울의 고백'이라는 찬양으로 영광 돌리셨습니다. 우리 교회에 세계적인 성악가가 와서 하나님 앞에 찬양하는 것 자체가 감동이고 감사입니다. 성도들이 큰 은혜와 감동을 받았고 참 멋있다고 말합니다.

그날 주일 낮 설교는 사도행전 3장 1-10절 말씀을 전하였습니다.

예수의 이름으로 기도응답을 받습니다. 사람을 향했던 사람이 하나님을 향한 사람으로 변화되었습니다. 성전 가까이에만 있던 사람이 성전 안으로 들어가는 사람으로 변화되었습니다. 구걸하던 사람이 하나님을 찬양하는 사람으로 변화되었습니다.

지방 여선교회 계삭회

　지방 여선교회 계삭회가 2009년 8월 31일(월) 오전 11시에 우리 교회에서 있었습니다. 약 80명이 오셨습니다. 계삭회는 그 교회 담임 목사님이 설교하므로 "오늘도 잘되고 있습니다."라는 제목으로 성령이 지배하는 말, 절대 믿음의 말, 기도하는 말을 하자고 설교했습니다. 설교하는 내가 얼마나 힘이 넘치는지 시간가는 줄 몰랐고 여선교회 회원들도 설교를 듣고 많은 은혜를 받아 정신이 바짝 나고 힘이 났다고 고백하셨습니다.

　점심은 국수였는데 정말 맛있었고 특히 열무김치가 맛있었습니다. 다들 수고가 많았습니다. 우리 교회에 예배드리는 사람들이 차고 넘쳐 땅위에 아름다운 성전이 지어지기를 기도하며 우리 교회에서 지방 행사를 할 수 있었다는 것에 감사드렸습니다. 성장하는 교회의 모습은 참으로 좋습니다. 2002년 성탄절 때 세례를 베풀고 7년 만에 12월 9일에 김우현 성도, 임향진 성도가 세례를 받았습니다. 이렇게 함으로 우리 교회 입교인(만 18세 이상 교인)이 12명이 되었고 예배 자가 20명이 되어 교회로서 역할을 감당합니다.

월삭 새벽예배

　　매달 첫날을 월삭 새벽예배로 드리고 있습니다. 그날의 말씀으로 한 달을 살아갑니다. 성도들은 헌금을 정성껏 준비하여 드리고, 목사는 성도들이 하나님의 은혜 가운데 살도록 안수하여 줍니다. 2010년 5월 오늘은 어린이 주일이며 월삭 새벽예배를 드리는 날입니다. 여호수아 24장 14-18절 "너희 섬길 자를 오늘날 택하라"라는 설교의 말씀을 선포했습니다.

오직 나와 내 집은 여호와를 섬기겠노라

1. 다른 신을 섬기는 일을 우리가 결단코 하지 아니한다.

　　오직 하나님만을 잘 섬기겠다고 결단한다.

　　하나님이 하나님 됨을 나타내겠다고 결단한다.

2. 죄에서 가난에서 질병에서 떠나게 하신다.

　　우리 목전에서 큰 이적을 행하신다.

　　우리를 보호하시고 인도하신다.

3. 원수 마귀를 우리 앞에서 쫓아내신다.

원수 마귀는 예수의 이름으로 떠나간다.

하나님이 온 가족이 예수님을 믿기를 원하신다.

여름성경학교

　2010년 7월 25일(주일) 오후 5시부터 '어린이 군대', '나는 예배합니다', '기도드려요' 찬양을 한 후 역대하 14장 11절 "하나님은 나의 승리"라는 제목으로 하나님의 말씀을 전하며 개회예배를 시작했습니다.

　예배 후 저녁을 먹었습니다. 역시 교회에서 먹는 밥은 맛있습니다. 두 그릇 먹는 사람이 많았습니다. 식사 후 알까기를 했는데 너무 재미있었습니다. 미니올림픽 시간입니다. 농구, 다트, 성구 찾기, 고리던지기, 오재미, 손 재기차기, 주사위, 자동차, 볼링, 축구. 미니 올림픽이 너무 재미있었습니다. 미니 올림픽 후 간식으로 다양한 종류의 피자를 먹었습니다.

　드디어 인형극 시간입니다. 여름성경학교 인형극 제목은 '식인종과 선교사'입니다. 식인종이 사람고기 먹고 싶다고 하여 결국 선교사를 죽였지만 더 이상 사람고기를 먹지 않고 하나님을 잘 믿는 사람이 되었다는 내용입니다.

우리 교회 어린이들은 인형극을 너무 좋아하고 인형극을 잘합니다. 인형극 후 아이스크림을 먹었습니다.

담임목사의 부흥회 때는 구원초청 후 '보혈을 지나', '아버지 사랑합니다', '사랑합니다 나의 예수님' 찬양을 하며 기도하는 시간을 가졌습니다. 부흥회 후 컵라면을 먹고 자두를 먹었습니다. 여름성경학교를 잘 준비했습니다. 모두들 쉽게 자지 못하고 많은 이야기를 하다가 잠이 듭니다.

둘째 날 월요일이 되었습니다. 오전 7시에 일어나 아침 식사 후 아침 예배를 드렸습니다. 사도행전 16장 34절의 "주 예수를 믿으라"는 제목의 설교를 하였습니다.

교회에서 여름성경학교를 할 수 있다는 것은 감사할 일입니다. 어린이들에게 예수님의 말씀을 전할 수 있는 기회를 갖게 되고 어린이들은 교회에 와서 하나님 말씀에 은혜를 받고 재미있는 프로그램도 즐기며 맛있는 식사와 간식을 먹는 재미가 있어 무척 좋습니다.

집사 기도회

　2011년 1월 2일 오후 5시에 우리 교회 집사님들이 모여 기도모임을 갖기로 했는데 오후 5시가 되었어도 아무도 오시지 않았습니다. 아내랑 '아바 아버지'라는 찬양을 하는 중에 김정애 집사님이 오셨습니다. '다 표현 못해도' 찬양을 하고 나니 김보배 집사님이 또 오셨습니다. '야베스의 기도'라는 찬양을 한 후에 성령님이 인도하시는 대로 기도하자고 했습니다. 기도 제목 위에 기름부음이 임할 것을 기도하자고 했습니다.

　다함께 통성으로 기도하였습니다. 기름부음을 부어달라는 기도의 소리가 강하게 되더니 점점 더워지기 시작했습니다. 날이 추워 많이 껴입고 온 옷을 벗어 놓고 기도해야 했습니다. 약 20분간 뜨겁게 기도하였더니 간절한 기도와 성령의 기름부음을 강하게 느꼈습니다. 약 5분 쉬자고 하였습니다. 그 사이 밖에 드럼을 배우고 온 강민호 집사님이 오셨습니다. 쉬는 동안 고급 쌍화차 한 잔을 마셨습니다.

이번 주 안에 기도응답을 받아야 할 제목을 한 사람이 한 가지씩 내놓았습니다. 나는 하나님의 생각으로 나를 지배해 달라고 의뢰했습니다. 너무 부정적인 것이 많이 들어왔습니다. 나를 많이 지배하고 있는 안 된다는 부정적인 생각을 제거해 달라고 기도했습니다. 5명이 다 함께 손을 잡고 10분간 간절히 기도했습니다. 서로 손을 잡고 기도하니 강한 힘이 느껴졌습니다. 뜨겁게 기도하고 나니 6시가 되었습니다.

오늘은 첫날 집사 기도회라 저녁을 먹기로 했습니다. 의정부에서 보건소 앞에 있는 유명한 미추 추어탕 집에 가기로 했습니다. 가까운 거리지만 추워 차를 타고 갔습니다. 추어탕 집에서 추어탕을 먹는데 부추와 추어탕이 얼마나 맛있는지 다들 맛있게 먹었습니다. 그 집에서 많이 추어탕을 먹었지만 오늘 맛이 정말 좋았습니다.

목회 19년째입니다. 한 영혼이 천하보다 귀하다고 더욱 느껴집니다. 한 성도의 아픔 때문에 기도하는 마음은 눈물과 사랑을 담습니다.

"기도만이 살길입니다. 올해 우리 교회는 복음의 절대 능력을 선포하는 교회로 모입시다. 기도합시다. 전도합시다."

여선교회 헌신예배

　　2011년 3월 27일 오후예배는 여선교회 헌신예배입니다. 루디아 처럼(사도행전 16장 11-15절) 기도하는 사람, 말씀을 청종하는 사람, 구원받게 하는 사람, 헌신하고 봉사하는 사람이 되자고 하였습니다. 우리는 '감사합니다. 사랑합니다. 미안합니다.'라는 말을 자주 사용하자고 하였습니다.

　　이날이 우리 교회 창립 18주년 날입니다. "광야교회는 하나님의 돌보심으로 배고프지 않는 교회"(신명기 8장 1-10절)라는 설교를 하였습니다. 김우현, 임향진 집사 임명식도 있었습니다.

어린이 전도 6명

    2011월 8월 21일 우리 교회에 어린이 6명이 전도되어 왔습니다.(홍서기, 홍서진, 나우리, 나한누리, 이다연, 이환) 어제 저녁 6시쯤 아내랑 학교 안에서 전도하였는데 오늘 아이들이 온 것입니다. 그동안 전도하러 나가도 열매를 거두지 못했는데 오늘 열매를 거두어 매우 기쁩니다.

    때를 얻든지 못 얻든지 상관하지 말고 복음을 전하는 사명을 다해야 한다는 생각이 듭니다. 우리가 할 수 있는 것은 없습니다. 그저 순종뿐입니다. 전도의 열매가 더 있기를 소원합니다.

전도자의
전도

노방 전도의 시작

　정경수 목사님 부부가 우리 승리교회에 오셔서 이야기를 나누면서 건빵 전도를 권하셨습니다. 그 전에 전도지 50장을 갖고 눈이 오나 비가 오나 날마다 전도하셨던 터치 전도 신경직 목사님이 계셨습니다. 신경직 목사님께서 매일 전도하는 것을 보면서 나도 전도해야겠다는 생각이 들었습니다.

　목회 20년이 되는 해에 더 이상 작은 교회가 되어서는 안 되겠다는 마음을 먹었습니다. 보통 작은 교회 목회자들이 전도하지 못하는 이유가 사람이 없어서, 물질이 없어서 못하겠다는 말을 합니다. 그래서 사람이 없어도 물질이 없어도 목사가 혼자 나가 전도해 보자는 마음을 먹었습니다.

　드디어 2012년 3월 17일(토) 오후 2시에 승리교회 앞이면서 의정부 서중학교 앞에서 건빵 전도가 시작되었습니다. 이날 나는 건빵 한 박스와 간단한 앙케이트지를 가지고 나갔습니다.

앙케이트 "다섯 고개"

1. 제일 좋아하는 연예인은?
　1) 소녀시대　　2)아이유
　3) 김범수　　　4)기타(　　　　)

2. 장래 희망은?
　1) 운동선수　　2)연예인
　3) 선생님　　　4)기타(　　　　)

3. 가장 좋아하는 음식은?
　1) 피자　2) 떡볶이　3) 치킨　4) 햄버거　5)기 타(　　　　)

4. 기회가 되면 교회 다녀 볼 생각은?
　1) 있다(　　)　　2) 없다(　　　)

5. 승리교회를 아나요?
　1) 안다(　　)　2) 모른다(　　　)

이름	(남, 여)	
휴대폰		
학교	학교	학년
주소	(사는 동네:　　동)	
예쁜 문자 보내 드리고 기도해 드릴게요^^		

일단 전도는 대박이었습니다. 지나가는 어린이나 학생들에게 건빵을 주면서 앙케이트를 써달라고 하였습니다. 건빵 하나를 주면서 앙케이트 조사하여 받은 것이 주로 어린이, 학생들이지만 21장의 앙케이트지를 받았습니다. 21명 모두에게 문자를 보냈습니다. 그리고 그날 밤 내일 우리 교회에 새신자들이 있게 해 달라고 기도했습니다. 이날 이후 주일을 제외하고 매일 전도하러 나갔습니다.

2012년 3월 19일(월) 전도일기

어제 주일에 어린이 학생들을 기다렸는데 한 명도 오지 않아 실망이 너무 컸다. 아내는 밥도 많이 준비했었다. 실망했어도 오늘 건빵 한 박스(30개)를 가지고 교회 앞인 서중학교로 오후 5시에 전도하러 나갔다.

'오창록'이라는 학생을 만났다. 난 창세기와 요한계시록이라는 이름으로 기억할 수 있었다. 그런데 친구들이 그 학생을 부를 때 "신흥아"라고 했다. 별명이 오창록이고 이름은 박신흥이라고 한다. 박신흥이라는 학생 주위에 다른 학생들이 5명 정도가 있었는데 이 학생들에게 앙케이트를 받고 건빵 하나씩을 나누어 주었다. 어떤 학생은 개구지게 두 개 달라고 했다.

서중학교 교장선생님(신촌교회 장로님)이 차를 운전하시며 지나가시다 "건빵 전도하세요."라고 인사하셔서 건빵 하나를 드렸다. 또 여중생들이 지나갔다. 중3이라고 하는데 4명에게 앙케이트를 받았다. 그중에 다른 교회에 다니는 학생도 있었고 '권새솔푸른'이라는 특이한 이름의 학생도 있었다. 그러면서 지난 토요일에 만난 몇 명의 남자친구들을 만났다. 주일

에 학원에 간다고 한다. 요즘은 노는 토요일이라 토요일, 주일에 학원에 가
는 학생들이 많다.

그래도 오늘 전도는 즐거웠다. 토요일 전도는 교회에 꼭 오라는 전도였
다면 오늘 월요일 전도는 전도하고 싶어서 하는 전도다. 오늘도 신흥이를
포함해서 9명의 학생에게 문자를 보냈다.

"경영아/오늘 만나서 기뻐/예쁜 모습처럼 훌륭한 사람이 되길 기도
해/승리교회야/언제나 콜"

전도합시다.
기도합시다.
사랑합시다.
행복합시다.
승리합시다.

승리교회 창립 19주년

1부에는 어린이 학생 6명, 2부 주일 낮예배에는 17명이 모였습니다. 남자 성도가 여자 성도보다 많이 왔습니다. 오후예배는 호주 중국인 교회 정화진 목사님께서 오셔서 에베소서 1장 3-6절 말씀을 통해 "생각할 때에 나의 하나님께 감사하고"라는 제목으로 설교해 주셨습니다.

1. 생활 감사
    - 감사가 있을 때 하는 감사
2. 역경 중 감사
    - 힘들고 어려울 때의 감사
3. 날마다 감사
    - 범사에 감사

여선교회에서 떡을 제공해 주셨습니다. 오늘 예배는 우리 교회 온 성도들이 한두 명만 빠지고 어린이나 학생, 청년, 어른 거의 다 왔습니다. 그래도 많지는 않습니다. 그러나 교회가 있고 성도가 있어 감사합니다.

잃어버린 한 마리 양을 찾는 하나님의 심장으로 오늘도 한 영혼을 기다렸습니다. 매일 전도하면서 일주일간 얻은 전도대상 72명은 막연한 사람들이 아니라 저에게 이름과 폰 번호와 주소가 있는 사람들입니다. 전에는 누구에게 전했는지 그냥 전도지만 나누어 주고 말았지만 지금은 전도대상 이름을 분명히 압니다. 내일 새벽부터는 성도들과 함께 전도대상을 놓고 기도하려고 합니다.

한 영혼이 전도되기를 기도합니다. 오늘 새벽 말씀처럼 영생을 주시기로 작정된 자는 다 믿더라(사도행전 13:48)고 하였으니 전도되리라고 봅니다.

창립 19주년을 맞이한 승리교회를 위해 기도해 주신 모든 분께 감사드립니다. 교회 부흥으로 보답하겠습니다. 성실한 목회로 보답하겠습니다. 그 사랑을 반드시 갚겠습니다.

건빵 전도 1호 탄생

2012년 4월 22일(주일)에 건빵 전도 첫 열매인 ○○중학교 1학년 김혜진이 우리 교회에 나왔습니다. 혜진이 친구 김소정이가 김혜진과 함께 어린이 예배에 왔습니다. 오늘 김소정과 김혜진은 어린이 예배를 비롯하여 주일 낮예배, 주일 오후예배 모두 드리게 되었습니다.

오후 1시에는 우리 아들에게 기타를 배우는 시간을 갖기도 했습니다. 한 영혼이 교회에 나왔으니 그 영혼이 예수님을 인격적으로 만날 수 있도록 도와야 합니다. 우리 교회에 나오겠다는 학생이 5명 있습니다. 한 영혼의 열매를 거두기 시작했으니 앞으로도 될 것입니다.

겨자씨는 작지만 그 영향력은 큽니다. 작지만 큰 일을 하는 승리 교회가 되기를 희망합니다. 하나님이 하시면 됩니다. 할렐루야!

"하나님께서 김혜진을 사랑하시고 복을 내려 주옵소서! 아멘."

하나님이 보내주신 사람들

2012년 5월에 지난 3일간 새벽기도회에 나오신 어른 성도님 (45세, 여자)이 계시는데 이연숙 성도(찬솔이 엄마)입니다. 오늘 오전 11시 주일 낮예배에 오셨습니다. 오늘은 어버이날을 앞두고 가족 친척 모임이 있다고 하면서 점심은 못하고 가셨지만 예배는 잘 드렸습니다. 전 말씀에 힘이 넘쳐 "큰 용사여! 하나님이 너와 함께 계시도다."라는 말씀을 전했습니다.

지난주에 왔던 임유진 학생(경민고 3)이 오늘도 왔는데 혼자 오기가 싫었는지 자신의 친동생 임재혁(의정부고 1)을 데리고 왔습니다. 이 친구는 예배 후 점심을 얼마나 맛있게 먹든지 참 맛있다고 하면서 식사를 했습니다. 감사하지요.

그리고 오전 9시 예배에 유충현 학생(의정부중 3)이 친구 최희범 (의정부중 3)을 데리고 왔습니다. 어젯밤에 사가지고 온 피자이기는 하지만 전자랜즈에 데워 예배 후 피자 파티를 했습니다.

지지난주에 온 김혜진(경민중 1)은 친구들이 다 할머니 댁으로 간다는 소식을 듣고도 오늘 교회에 나와 예배를 온전히 드렸습니다.

저녁때 문자를 보냈더니 답장이 왔습니다.

"오늘 너무 외롭지 않았니?"
"외롭지 않았어요. 다음에 또 갈게요."

"하나님 아버지!
건빵 전도를 통한 사람은 안 왔지만 하나님께선 교회를 세울 일꾼들을 보내 주셨습니다. 오늘 교회를 찾아 나온 이연숙 성도, 임재혁 학생, 최희범 학생이 하나님의 자녀답게 은혜받고 복 받게 하옵소서. 또 보내 주실 것을 믿고 미리 감사합니다."

요구르트 전도

2012년 6월 11일(월) 건빵 전도는 오후 5시 50분이었습니다. 건빵 전도하러 막 나가려 하는데 개척교회한지 1년도 안 되는 지방 면류관교회 박준성 목사님께서 요구르트를 여러 개 사오셨습니다. "건빵만 먹으면 목이 메니 요구르트도 주세요. 파이팅!" 하고 가셨습니다.

건빵과 요구르트를 가지고 나갔습니다.
여학생들이 지나갑니다.
건빵과 요구르트를 주었습니다.
고맙다고 인사합니다.

전도하다가 보면 예의가 있는 학생이 있는가 하면 예의가 없는 학생도 있습니다. 아무 개념 없이 그저 와서 건빵을 달라고 했던 학생들은 대부분이 건빵만 받아가고 교회에 나오지 않아 다시 건빵 달라고 하지 못하는 학생들이 많아졌습니다. 그래도 건빵을 나누어 주며 교회에 오라고 합니다.

내가 사는 동네 어르신들이 지나갔습니다.

"예, 교회가 여기 있어요."

지금 교회에서 보관하고 있는 건빵 박스가 2개입니다. 전에 건빵을 사 놓았는데 아직 건빵 세일을 하지 않기에 며칠은 견디어야 하기에 건빵을 아끼고 있습니다. 건빵이 많을 때는 인심이 좋은데 건빵이 없으면 인심이 안 좋습니다.

지난번에 온 여중생과 함께 이야기했습니다. 엄마가 어떤 교회인지 한 번 가본다고 했다고 합니다.

난 요즘 전도하면서 하나님께서 전도를 무척 좋아하신다는 것을 느낍니다. 전도는 하나님의 소원입니다. 이 세상에 모든 사람이 구원받아 진리에 이르기를 원하십니다. 작지만 우리 승리교회는 하나님의 소원을 이루는 교회가 될 것입니다. 그러기에 전도하는 데 협력하여 물질로 돕고 기도로 돕는 사람이 많습니다.

오늘 새벽 말씀은 마태복음 6장 33절 "먼저 하나님의 나라와 그의 의를 구하라"입니다. 먼저 할 일은 전도하는 것입니다. 전도 때문에 행복합니다.

어제 주일은 건빵 전도 열매 제 10호 정유빈(경민여중 1)이 왔습니다. 건빵 전도 열매 1호 김혜진의 친구입니다.

전도 열매가 쉽게 이루어지지 않지만 전도 열매는 반드시 있습니다. 그래서 행복하고 감사합니다. 오늘도 전도해서 좋습니다. 정말 행복합니다.

건빵 전도 후원

　　2012년 6월 29일(금) ㈜ 생명을 나누는 사람들 조정진 목사님과 직원들이 건빵 전도 후원을 하였습니다. 생명을 나누는 사람들이 그동안 교회의 도움을 받았는데 이제 교회를 돕는 기관이 되고 싶다고 직원들이 모아 승리교회 건빵 전도에 후원하였습니다. 건빵은 한 봉지에 약 50개 정도 들어 있습니다. 전도하고자 하였더니 물질로도 도와주는 손길이 있도록 하셨습니다. 감사하지요. 전도는 내가 하고 후원은 하나님께서 사람을 통해 해 주십니다.

　　본격적으로 전도할 때 사람이 없어서, 물질이 없어서 전도 못한다고 말을 합니다. 지금까지 매일 전도하는데 물질이 없어서 전도 못하는 것은 아닌 것 같습니다. 매일 전도하는 것에 전도 후원하겠다는 분이 생겨서 감사합니다. 매일 전도하니까 돕는 손길을 하나님이 보내주셨습니다.

전도세미나

2012년 11월 14일, 우리 교회에서 전도세미나를 하였습니다. 의정부동지방 웨슬리 전도대가 있습니다. 매주 수요일마다 모여서 전도하는 전도대입니다. 이런 세미나를 우리 교회에서 한 것입니다.

새벽에 전도세미나를 위해 기도하고 이것저것 준비했습니다. 집에 들어가 샤워를 하고 옷을 갈아입고 떡집에 나가 오늘 나온 떡 10개를 사 가지고 교회로 갔습니다.

전도가 안 되는 이유가 무엇일까?
전도가 되려면 어떻게 하면 될까?

전도는 수요일, 토요일 특정한 날에만 하는 것이 아니라 매일 해야 합니다. 전도는 매일 안 해서 안 되는 것입니다. 전도는 매일 하면 됩니다. 보통 큰 교회에서 요일별로 전도하러 나갑니다. 매일 전도하러 나가는 사람 없이 요일별로 돌아가면서 나가면 전도대상자들이나 전도자들은 늘 새로 만나는 이들이기 때문에 전도대상자들의 관리를 전혀 할 수가 없습니다. 전도해서 들어온 사람 이야기, 나간 사람 이야기, 설문지조사, 카톡 전도, 건빵과 요구르트 전도, 빵 전도, 소원기도, 축복기도 전도 등 내가 전도했던 다양한 전도이야기를 했습니다.

점심 후 다 함께 찬양하고 기도를 한 후 시편 126편의 "눈물을 흘리며 씨를 뿌리는 자는 기쁨으로 거두리로다"라는 말씀을 통해 목사님은 외침 전도를 하였고 성도들은 4개조로 노방 전도를 하였습니다.

우리 교회는 전도하기 위해 전도 박스 10개를 준비해 전도현장으로 내보냈습니다. 필요한 준비를 해 주고 전도현장을 순찰합니다.

"예수 믿으세요."

막무가내로 말을 합니다. 전도현장에서 어린이와 이야기하는 것, 어른과 이야기하는 것, 아이들 엄마랑 이야기하는 것이 다 달라야 하는데 약간 강요적인 전도를 하는 것을 보았습니다. 건빵을 주면서 핸드폰 번호를 쓰라고 했더니 어린이가 폰이 없다고 하자 엄마 폰을 쓰라고 강요합니다. 내가 폰을 저장하면서 폰에 엄마라고 쓴 것을 보았습니다.

다들 돌아간 후에 전도현장에서 가지고 온 설문지를 폰에 저장을 하는데 카톡으로 "누구세요"라는 어린이가 있었습니다. 내가 직접 만나지 않았으니 당연한 것입니다. 남이 전도 해다 주는 설문지는 그들과 관계 맺기가 힘듭니다. 그래서 전도는 내가 해야 합니다. 내가 만들어 온 전도대상자를 위해 기도해 달라고 해도 성도들이 기도하기가 무척 힘들 것 같습니다.

오늘 참 좋았던 것은 한꺼번에 많은 사람들이 나가 전도했다는 것입니다.

오늘 전도세미나 강의록입니다.

될 수밖에 없는 전도

1. 왜 전도가 안 되는가?

1)
2)
3)

2. 어떻게 하면 전도가 될 수 있을까?

1)
2)
3)

3. 누구를 전도해야 하는가?

1) 관계가 힘든 사람- 하나님과 관계, 자신과 관계, 부모와 관계, 리더와 관계, 생업과 관계
2) 물질로 고생하는 사람 – 직장
3) 질병으로 고생하는 사람 – 환자
4) 영적으로 눌려 있는 사람- 신앙생활하다가 낙심한 자

4. 될 수밖에 없는 전도는 무엇이 있는가?

1) 매일 전도 – 매일 같은 시간 같은 장소에서 전도한다. (뿌리는 전도?(월-목)/ 거두는 전도!(금-주일)) 매일 전도하지 못하는 이유는? '전도는 어명'이다.
2) 미인대칭 전도 – 사람만 보면 궁금해져야 한다. 사람을 보면 영혼으로 보아야 한다. 전도는 연습이다. 항상 미소로 인사하고 칭찬하고 교회 자랑하고 자기 간증을 하고 반응을 보라.(~아네) 웃어라!(크게/길게/온몸) 자기 소개(명함/나이/가족 관계/사는 곳). 공통점(고향/같은 학교/끼리)
3) 설문지 전도 – 간단한 설문지(연애인 중 누구를 좋아 하는지, 간식은 무엇을 좋아하는지, 장래희망은 무엇인지, 교회 다닐 의사가 있는지, 승리교회를 아는지 등) 조사를 하면서 이름과 핸드폰 번호를 기록하게 한다. 설문지 받기가 어려운 점은?(A+A,B,C) '전도는 관계훈련'이다.

4) 건빵, 요구르트 전도 – 전도 물품으로 건빵(한 봉지에 50개 정도)
봉투를 만들어 교회 스티커를 붙여 준다. 그리고 요구르트로
전도한다. 요구르트만 받아 가는 사람도 있다.
건빵이 왜 좋은가? /요구르트는 왜 필요한가?

5) 빵 전도 – 매주 금요일과 토요일은 서울 어느 교회에서 주문한
교회에 만들어 주는 빵이 온다. 카스테라 빵을 주는데 정말 인
기가 좋다. 빵 전도하는 날은 사람들이 많다. 빵 전도가 무엇
이 좋은가?

6) 축복기도 전도 – 전도대상자가 감동받도록 축복기도를 해 준
다. (사업장/어린이나 학생들/아픈 사람)
상대방 입장에서 기도해 주어야 한다.(내용/테크닉) 인사/먹을
것/눈물/헌금. '전도는 성령 충만'이다.

7) 소원성취 전도 – 상대방의 기도제목을 받아 열심히 기도하면
서 전도하는 것이다. 사람은 마음을 얻고 감동을 주어야 한다.
'전도는 하나님의 소원'이다.

8) 통성기도 전도 – 부르짖어 통성으로 기도하였더니 특별히 방
언으로 기도하였더니 그 기도 소리 듣고 오는 사람이 있다.
'전도는 기도가 뒷받침 되어야' 한다.

9) 카톡 전도 – 카톡으로 문자 보내기, 그림 문자 보내기, 음성으
로 말씀을 요약하고 기도해 주기, 개인을 위해 기도하기. '전
도는 양육'이다.

5. 성공적인 전도란?

1) 전도 목표가 있어야 한다. (교회 목표/기관별 목표/개인별 목표/하
   루 목표)
2) 전도는 먼 곳에 있는 사람은 안 되는 것이 아니라 좋은 교회
   에 다녀야 한다. – 긍정
3) 전도는 사랑이 있어야 한다. 불이 있어야 한다.(설문지, 전도용
   품, 탁자, 의자)
4) 전도는 기도가 반드시 있어야 한다. 자기 절제가 있어야 한
   다. – 열정
5) 전도보고는 장소, 분위기, 설문지 장수, 가능성소개, 느낀점,
   결심을 말한다.

6. 전도, 무엇부터 시작해야 하는가?

1) 나가자, 만나자, 말하자. – 나가면 있고 안 나가면 없다.
2) 전도는 내가 하고, 열매는 하나님이 하신다.
3) 매일 나가야 한다.

7. 나의 전도는 어떻게 할 것인가?

1)
2)

전도해봤어!

기독교타임지에 실린 전도 이야기

2012년 12월 1일 감리교 기독교타임지에 나온 전도 이야기 기사내용입니다.

승리교회 이충섭 목사는 지난 3월부터 주일을 제외하고 매일 오후 건빵을 들고 교회 앞 학교 전도에 나서고 있다. 지금까지 전도 열매가 35명이다. 이 목사가 매일같이 전도에 나서자, 침체해 있던 교회는 활기를 찾기 시작했고, 거창하진 않아도 조금씩 그 열매를 맺어가고 있다. 특히 이 목사의 도전정신은 몇몇 교회에 영향을 미쳐 매일같이 전도에 나서는 자극제가 되기도 했다.

이충섭 목사가 지금의 승리교회를 개척한 것은 20여 년 전. 그동안 승리교회는 3번의 이사 끝에 지금의 의정부 2동에 자리 잡았다. 20여 년 동안 목회를 했지만, 교회는 여전히 미자립 상태였다. 그러다 보니 낙심하고 절망했던 적도 많았다. 그동안의 목회를 생각해보면 한숨만 나올 때가 하루 이틀이 아니었다. 하지만 이 목사는 환경을 탓하며 낙심만 해서는 안 되겠다는 생각이 들었다. 그런 와중에 매일 전도를 하는 어떤 목회자의 이야기를 듣게 됐고, 그는 되든 안 되든 무조건 전도를 나가기로 결심했다. 그래서 지난 3월 17일 건빵을 들고 교회 앞 의정부 서중학교로 나갔다. 처음에는 말도 잘 안 떨어지고, 어색하기만 했다.

"건빵을 들고 무작정 전도를 나갔습니다. 처음에는 어색했지만, 그래도 결심한 대로 밀고 나가기로 생각했죠. 그렇게 나갔는데, '아! 전도가 되겠구나.'라는 생각이 들었습니다."

이충섭 목사는 단순히 건빵만 전해주는 것이 아닌 설문지를 받아 그들의 생각을 접하고, 연락처를 얻어 교회 출석 유무에 상관없이 '카카오톡'을 통해 소통하고 있다. 첫날 이 목사가 받은 설문지는 21장이었다. 어려웠던 첫발걸음이었지만, 충분히 자신감을 얻을 수 있는 결과였다. 그렇게 건빵 전도를 시작한 그는 월-목요일에는 건빵 전도(건빵 전도 후원은 '생명을 나누는 사람들'의 직원들도 매달 조금씩 정성을 모아 후원을 하고 있다), 금요일에는 석관제일교회에서 만들어 주는 빵(카스테라) 전도를 하고 있다. 빵 후원은 제주 기적의 교회에서 한다. 이렇게 매일 전도를 하다 보니, 많지는 않아도 조금씩 그 성과가 나타나기 시작했다.

"교회 밖에서 만난 사람들과 SNS를 통해 끊임없이 소통을 했더니, 고3 친구들 13명이나 생겼습니다. 또한 처음에는 10여 명 정도가 예배를 드렸는데, 전도 이후에는 매주 한 명씩은 교회를 찾아옵니다. 그래서 이제는 평균 20여 명 정도가 매주 예배를 드리고 있습니다."

물론 전도를 시작하고 늘 좋았던 것만은 아니었다. 매일같이 전도를 하지만, 그 열매가 나타나지 않는 경우도 많기 때문이다.

"아무리 전도를 열심히 해도 어떤 때는 교회에 사람이 찾아오지 않을 때도 많습니다. 그럴 땐 솔직히 낙심되기도 합니다. 하지만, 전도는 늘 해야 함을 매일 같이 깨닫고 있습니다."

이충섭 목사는 환경을 탓하며 전도에 소홀히 해서는 안된다고 강조했다.

"저희와 같은 작은 교회는 전도가 필수입니다. 환경을 탓하며 전도에 소홀하면, 교회에 사람이 찾아오지 않습니다. 전도의 열매는 전도를 하면 있고, 안하면 없는 것입니다. 나가서 전도를 하면 분명 사람은 찾아옵니다."

승리교회의 경우, 학교 앞에서 하다 보니 주로 그 대상자가 아동, 청소년인 경우가 많다. 하지만 이 목사는 전도를 시작한 후 학생들은 물론, 어른 성도들도 찾아오는 경험을 했다고 전했다.

"주로 학생들 대상으로 전도를 하지만, 전도를 시작한 후 어른들도 제법 찾아옵니다. 직접적으로 전도를 하지 않았지만, 하나님께서 그들을 보내주심을 느낄 수 있었습니다."

이충섭 목사는 눈이 오나 비가 오나 매일 오후 동일한 시간에 혼자 전도를 나간다. 여러 사람들의 도움을 받으면 조금 더 수월한 전도가 될 수도 있겠지만, 혼자 나가는 이유는 그의 신념 때문이다.

"제가 혼자 나가 전도를 하는 이유는 사람이 없어서, 돈이 없어서 전도를 못한다고 말하는 사람들에게 그렇지 않다는 것을 보여주고 싶기 때문입니다. 전도는 누가 해줘서 되는 것이 아니라 목회자 스스로 해야 합니다."

전도 이후 교회는 더욱 활기가 넘쳤고, 성도들 역시 변화를 경험하고 있다.

"전도 이후 교회의 변화는 무엇보다 새로운 사람들이 찾아오는 것을 성도들이 두려워하지 않는다는 점입니다. 그리고 그들을 따뜻하게 맞아 줄 수 있는 여유와 배려도 생겼습니다."

이충섭 목사는 전도에서 가장 중요한 건 목회자와 성도가 새신자들을 맞이할 준비가 되어 있어야 한다고 강조했다.

"진짜로 전도가 되려면, 무엇보다 목회자와 성도가 준비되어 있어야 합니다. 전도 받은 사람이 교회에 왔을 때, 목회자와 성도들이 그들을 반갑게 맞을 준비가 되어 있지 않으면 아무 소용이 없습니다. 또한 목회자는 은혜로운 설교, 특히 예수님의 이야기를 통해 그들의 삶을 터치해야 합니다."

마지막으로 이 목사는 작은 교회에 희망과 소망이 되고 싶다고 말했다.

"저희 교회의 모습에 도전을 받는 교회들이 생겨나니 앞으로 더 잘해야겠다는 생각이 듭니다. 저희보다 더 열심히 전도하는 교회도 많기 때문입니다. 매일 '어떻게 하면 전도를 더 잘할 수 있을까?'

고민하고 있습니다. 무엇보다 작은 교회도 충분히 할 수 있음을 보여주고 싶습니다. 그들에게 도전과 용기를 주어 한국 교회에 선한 영향력을 끼치는 교회가 되었으면 좋겠습니다."

세례자 5명

2012년 12월 23일에 5명이 세례를 받았습니다.

박재승 성도님은 몇 년 전에 집안에 어려운 일이 있을 때 교회를 찾아 신앙생활을 시작했습니다. 이분은 교회에 매주 잘 나오는 것은 아니지만 몇 년 동안 교회에 나왔습니다. 오늘 세례를 받으려고 양복을 입고 오시고 아이들을 위해 과봉을 사 가지고 오셨습니다. 저는 이분이 정말 잘되기를 기도합니다. 하는 일이 잘 되었으면 좋겠습니다.

박수빈 학생(고3)은 쌍둥이 아들 친구입니다. 초등학교 때부터 우리 교회에 나왔습니다. 아들 친구들이 다 떠나갔지만 수빈은 지금도 여전히 교회에 나오고 있습니다. 어제 세례교육을 시키면서 수빈이가 잘되기를 기도했습니다.

임유진 학생(고3)은 중학교 때 우리 교회에 다니다가 고등학교 3학년 5월쯤에 다시 나오기 시작해 지금까지 나오고 있습니다. 내가 카톡을 열심히 보내서 그 감동으로 교회에 다시 나오게 되었다고 합니다. 성격이 얼마나 좋은지 모릅니다. 성품이 참 좋습니다. 큰 인물이 되기를 기도합니다.

신미래 학생(고3)은 유진이가 데려온 친구입니다. 미래는 항상 밝습니다. 잘 웃고 친절합니다. 건빵 전도 2호입니다. 요즘 전도의 불이 붙었습니다. 오늘도 친구를 전도해 왔습니다. 밝은 미소가 밝은 미래를 열 것입니다.

오주영 학생(고2)은 우리 교회에 초등학교 때부터 그의 삼남매(주영, 주석, 태석)가 교회에 다니기 시작했습니다. 주영은 춤을 잘 추고 공부도 잘하고 운동도 잘합니다. 친구들을 전도하여 함께 교회를 다니고 있습니다.

목회 20년 동안 오늘이 세례를 제일 많이 주는 날입니다. 이제 목회 후반전을 시작해야 하는데 세례받는 사람들이 있어 더 행복합니다.

승리교회 대부흥이 있을찌어다!

승리교회가 날마다 부흥하기를 원하는 마음은 언제나 늘 간절합니다. 한 영혼이 천하보다 귀하다는 것은 매일 전도하면서 느끼고 또 느낍니다. 예수님의 마음이 이런 것이리라 봅니다.

매일 전도하는 목사

2012년 12월 28일(금)에 나온 CTS 기독교방송의 건빵 전도 방송이야기입니다.

앵커 : "사람이 없어서 전도 못 한다"라는 말, 이제 쉽게 해선 안 될 것 같습니다. 매일 같은 시간 같은 자리에서 혼자 전도하는 한 작은 교회 목사가 있어 전도에 인색한 교회에 경종을 울리고 있는데요. 박세현 기자입니다.

기자 : 의정부의 한 중학교 앞. 한 목사가 전도 준비에 한창입니다. 전도용품을 챙겨 교회 앞 중학교에 자리를 잡습니다. 지나가는 아이들에게 나눠주는 것은 건빵과 설문지. 건빵 전도사라 불리며 1년 가까이 같은 자리에서 전도하고 있는 의정부 승리교회 이충섭 목사입니다.

어린 시절 건빵을 준다는 말에 주일학교에 나가게 됐다는 이 목사는 지난 3월부터 건빵을 들고 전도를 시작했습니다. 성도 없이 홀로 시작했기에 두려운 마음도 있었지만 전도 첫날 기대 이상의 건빵의 인기와 더불어 20개가 넘는 설문지를 작성해 준 학생들을 보며 용기를 얻었습니다. 이 목사는 그때부터 주일을 제외하고 매일 같은 시간 같은 장소에서 전도하고 있습니다. 처음에는 이 목사를 잡상인 정도로 여기며 경계했던 학생들과 주민들은 꾸준히 한 자리를 지키는 이 목사의 모습을 보며 이제 든든한 지원자가 됐습니다.

이충섭 목사가 전도만큼 중요하게 생각하는 것은 소통입니다. 설문지로 전도대상자의 연락처를 알아내게 되면 SNS를 이용해 성경말씀을 보내고 페이스북에 전도 관련 사진을 올립니다. SNS를 통해 이 목사의 사역이 알려지면서 몇몇 교회는 건빵과 후원금을 지원하기 시작했습니다. 교인도 늘어났습니다. 처음에는 10여 명이었던 교인이 전도를 시작한 이후 20여 명으로 늘어났습니다. 이 목사는 이 모든 것을 시작한 이유가 "작은 교회라도, 사람이 없어도 전도할 수 있다는 것을 증명하고 싶었습니다."라고 고백합니다.

어둑해진 하늘, 쌀쌀한 날씨지만 오늘도 같은 자리를 지키는 이충섭 목사. 가장 낮은 자리에서 주님을 전하는 이 목사의 사역이 침체된 한국 교회 전도의 한 줄기 빛이 되길 소망합니다. cts 박세현입니다.

목회코칭

　　2013년 1월 8일(화)부터 약 10주 동안 코칭 전문가이신 선종욱 목사님의 목회코칭이 시작되었습니다. 선종욱 목사님께서 날마다 전도하는 저를 보고 어떻게 도울 수 있을까? 하여 목회코칭을 하기로 하셨습니다.

　　지난주 특별한 사건에서 배운 것이 무엇입니까?
　　동일한 상황을 만난다면 어떻게 하시겠습니까?
　　이번 주에 새로운 일을 시도하신다면 그것은 무엇입니까?
　　이번 주에 기대되는 하나님의 은혜와 기쁨은 무엇입니까?

　　코칭하는 날부터 실천 사항이 있었습니다.
　　전도할 때 "예수 믿으면 놀랍게 기뻐집니다."하는 말을 사용하는 것입니다.
　　놀라운 기쁨을 내가 경험하고 그 내용을 1/3 이상 설교 적용하는 것입니다. 이렇게 완성된 나만의 목회 철학이 정리가 되었습니다.

목회는＿＿＿＿＿＿＿＿＿＿＿이다.(10가지)

1. 목회는 다음 세대이다.(마태복음 4장 23절)

목회는 사람의 전 과정을 돌보는 것이다. 믿음의 다음 세대가 있어야 신앙이 이어지는 것이다. 성경에 나타난 수많은 인물을 움직이시는 하나님의 섭리를 발견하는 것이다.

2. 목회는 천국으로 인도하는 안내이다.(마태복음 13장 31절)

목회는 천국으로 인도하는 것이다. 하나님은 모든 사람들이 구원받기를 원하신다. 사람들이 지옥가지 않고 천국 가도록 안내하는 것이다. 예수님을 끝까지 믿고 나가도록 도와야 한다.

3. 목회는 영생하도록 솟아나는 샘물이다.(요한복음 4장 14절)

목회는 갈증과 고민이 있는 사람에게 영생하도록 솟아나는 샘물이 되게 한다. 예수님과 터치가 되어 새 사람이 된다. 다 버리고 예수님을 따라 간다.

4. 목회는 전도이다.(마가복음 16장 15절)

목회는 예수님을 믿지 않는 사람을 예수님을 믿는 사람으로 잘 훈련하는 것이다. 가서 제자를 삼아야 한다. 예수님을 증거 해야 한다. 예수는 그리스도라는 것을 입증해야 한다.

5. 목회는 관계회복이다.(빌립보서 4장 2절)

사람들이 갈등 구조 속에서 살고 있다. 관계가 깨치고 만나기를 싫어한다. 예수님 안에서 같은 마음을 품어야 한다. 예수님 안에 서야 한다.

6. 목회는 협동이다.(출애굽기 18장 18절)

전문성을 인정하면서 다른 사람과 협동해야 한다. 혼자 다 할 수 없다. 다른 사람이 나에게 맞추는 것이 아니라 내가 다른 사람에게 맞추어 갈 수 있는 능력을 갖춘다.

7. 목회는 종합 병원이다.(시편 103편 3절)

사람의 영혼과 육신과 마음을 다 다스려야 한다. 건강한 몸을 갖도록 해야 한다. 모든 질병과 상처를 고치는 권세와 능력이 있어야 한다.

8. 목회는 선한 목자이다.(요한복음 10장 14절)

하나님은 나의 목자시니 내가 부족함이 없다. 선한 목자는 양들을 위해 목숨 건다. 각자의 이름을 기억한다.

9. 목회는 예수님만 바라본다.(누가복음 5장 11절)

모든 것을 버리고 예수님만을 따라간다. 세상의 어떤 것보다 예수님이 좋다. 예수님 때문에 행복하다. 예수님을 믿으니 천국이다. 예수님을 믿으니 감사이다.

10. 목회는 마라나타이다.(요한계시록 22장 20절)

"내가 진실로 속히 오리라 하시거늘 아멘 주 예수여 오시옵소서
주 예수의 은혜가 모든 자들에게 있을지어다. 아멘"

목회코칭을 받는 것은 참으로 중요합니다. 목회를 나는 제대로
하고 있는지를 살펴보아야 합니다. 전문가의 손길을 통해서 목회를
점검하고 목회에 무엇을 준비해야 하는지 살펴볼 필요가 있습니다.
목회코칭은 정기적으로 받아보는 것이 좋습니다. 목회를 잘하는 선
배 목사님이나 목회 지도를 잘하는 목사님을 만나는 것이 중요합
니다.

토요일 전도

2013년 1월 26일(토) 전도는 오후 5시 30분에 나갔습니다. 토요일 전도는 사람들이 많이 지나가지 않기 때문에 참 힘듭니다.

전도현장에 나가면 초등학생들이 뭔가를 달라고 합니다. 전도하다 보면 거지 근성을 가지고 있는 사람이 있습니다. 이런 사람들을 보면 주고 싶은 마음이 사라집니다. 안 주면 욕을 하고 "나빴다."는 소리를 합니다. 제가 그동안 준 간식만도 엄청난데 그것은 전혀 생각하지 않습니다. 이런 사람은 기분을 상당히 나쁘게 합니다.

건물 주인이신 다른 교회 권사님께서 "토요일에는 사람도 없는데… 대단하시네요."하며 지나가십니다. 지나가는 사람이 많지도 않는데 오늘은 "예수를 믿습니다.", "예수 믿어요."라고 하는 사람이 2명이나 지나갔습니다. 지금까지 전도하면서 "예수 믿어요, 교회에 다녀요."라고 말하는 사람은 많지 않았습니다. 그래도 오늘은 예수 믿는 사람이 있어 좋습니다. "열심히 다니세요?" 인사했습니다.

오늘은 빵을 받아가는 사람이 아주 적습니다. 그래도 받아가는 사람이 있다는 것이 감사합니다.

"안녕하세요? 예수 믿으세요! 좋은 일이 일어납니다."
"예수님 안에서 좋은 일이 일어납니다."

거절해도 "예수 믿으면 좋은 일이 일어납니다."라고 말할 때가 있습니다.

"하나님! 좀 잘 쓰임 받을 수 있는 전도자가 되고 싶습니다. 너무나도 부족하네요."

토요일 전도, 좀 더 많은 사람이 지나가는 곳에 가서 전도해야 할까요? 그런다고 그렇게 사람이 많이 지나가지도 않습니다. 그저 교회 앞에서 전도하고 있으니까요. 옆 건물 분식점은 문을 열었는데 우리 교회 건물 1층 분식점과 문방구점은 문을 안 열었습니다. 옆 건물 분식점은 할머니가 하십니다. 꾸준히 문을 여십니다. 우리도 꾸준히 전도해야 합니다. 이렇게 외쳐봅니다.

"사람이 많이 안 지나가도, 조금 추워도 전도에 살고 전도에 죽자!"

　주기철 목사님께서 "그리스도인은 살아도 주를 위해서 살고 죽어도 주를 위해서 죽는다."고 하면서 "힘들다고 예수님을 버리지 맙시다."라고 했습니다. 힘들어도 예수님과 함께 승리합시다. 힘들어도 전도는 해야 합니다. 힘들어도 전도해야 할 영혼들은 늘 있습니다.

자녀들을 위한 특별 새벽기도회

3월 새 학기를 맞이하는 한 주간을 앞두고 자녀들을 위한 특별 새벽기도회를 합니다. 자녀들이 좋은 선생님과 좋은 친구들을 만날 것과 자녀들에게 믿음의 명문가문을 세워 가라고 부모가 자녀를 위해 기도하자는 의미에서 열리는 특별 새벽기도회입니다.

곧 너와 네 아들과 네 손자들이 평생에 네 하나님 여호와를 경외하며 내가 너희에게 명한 그 모든 규례와 명령을 지키게 하기 위한 것이며 또 네 날을 장구하게 하기 위한 것이라 _신명기 6장 2절

자녀는 하나님의 기업이며 하나님의 소중한 걸작품입니다. 하나님께서 우리 자녀에게 가르치라는 것은 평생에 여호와 하나님을 경외하라는 것입니다. 하나님을 두려워할 줄 알고 하나님을 의지할 줄 알며 하나님을 바라볼 줄 아는 자녀가 될 것을 가르칩니다. 우리 자녀들이 공부하는 이유가 평생에 하나님을 경외해야 함을 알고 하나님을 사랑해야 하는 것에 있음을 알아야 합니다. 마음을 다하고 뜻을 다하고 힘을 다하여 하나님을 사랑해야 합니다. 하나님을 경

외하면 "복되고 네가 크게 번성하리라" 하셨습니다.

> 너는 마음을 다하여 여호와를 신뢰하고 네 명철을 의지하지 말라 너는 범사에 그를 인정하라 그리하면 네 길을 지도하시리라 _잠언 3장 5-6절

> 은과 금은 내게 없거니와 내게 있는 이것을 네게 주노니 나사렛 예수 그리스도의 이름으로 일어나 걸으라 _사도행전 3장 6절

실천만이 내 것이 됩니다. 평생 하나님을 경외하고 하나님을 사랑하며 살아가는 믿음이 세워져야 합니다. 자녀를 위해 기도하는 것만큼 중요한 것이 어디 있겠습니까? 기도하는 자식은 망하지 않는다고 했습니다. 기도하는 자식은 주 안에서 잘되어 갑니다. 자녀들을 위한 기도만큼 중요하고 시급한 것은 없습니다. 자녀들의 집중력과 기억력이 좋도록 기도해 주어야 합니다.

감신대 신학교에 들어간 쌍둥이 아들

우리 아들들이 감리교신학대학교에 입학하였으니 우리 가족은 모두 감신 동문입니다. 나는 83학번, 아내는 87학번, 아들들은 13학번입니다. 아버지가 잘하는 목회도 아니고 작은 교회에서 목회하고 있음에도 아들들이 아버지를 이어 감리교신학대학교에 입학했다는 감격과 고마움이 있습니다.

감신 입학식 날에 중앙연회 감신 동문회에서 온 가족이 감신인데 이런 가정을 도와야 한다면서 권상덕 목사님과 문병하 목사님께서 애를 써 주셔서 우리 아들 은규에게 100만 원 장학금을 주었습니다.

아들들은 감신에서 생활하는 것을 무척이나 좋아합니다. 쌍둥이 아들은 자기들에게 주어진 일에 최선을 다하고 최고가 되도록 힘을 쓰고 있습니다. 아버지가 목회하는 교회에서 교회학교 교사와 찬양단과 교회 예배 반주를 해줍니다. 학교에서 하는 공부도 잘해 주고 때론 근로나 알바를 하면서 일하는 모습에 감사할 뿐입니다. 하나님께서 원하는 목회자의 길을 가기를 오늘도 기도합니다.

창립 20주년을 맞이한 승리교회 첫 권사 임명

2013년 3월 30일 창립 20주년을 맞이하여 옆 교회인 행복한 교회에서 예쁜 꽃 화분을 보내 주시며 축하해 주셨습니다.

우리 교회에 오랫동안 신앙생활을 하였던 김정애 집사님을 창립 20주년을 맞이하면서 권사님으로 임명하였습니다. 창립 20주년 만에 교회 권사님을 세웠다는 것은 그만큼 교회일꾼을 세우는 것이 결코 쉽지 않다는 것입니다. 함께 몸 된 교회를 섬기면서 교회 부흥을 위해 한마음 한뜻이 되어야 진정한 부흥을 가져 옵니다.

한 영혼을 진정으로 사랑하며 천국 가는 백성으로 섬길 것과 날마다 기적이 일어나는 전도하는 교회가 되겠다고 다시 다짐을 하였습니다.

감신대학원에서 전도 특강

2013년 5월 31일(금) 오전에 감신대 대학원에 가서 전도학 수업 (박창현 교수님)에 하루 특강을 했습니다.

강의록과 전도 용품도 가지고 갔습니다. 담당교수님과 잠깐 대화를 나누고 수업에 들어가서 100여 명 학생들에게 내가 가지고 있는 전도 이야기를 하면서 내가 하는 전도방법 이야기를 풀어 갔습니다.

1. 사람을 사랑하자.
2. 특별한 것을 준비하자.
3. 그래도 소망을 갖자.

대부분이 대도시에서 교육전도사를 하고 있는 분들이라 내 이야기가 공감하기 어렵다는 것을 강의가 끝나고 알았습니다. 주어진 상황 속에서 열심히 열정적으로 강의하였는데 흥분이 문제입니다. 흥분해서 상대방이 말을 잘 못 알아 듣는 발음과 듣기 싫은 목소리로 변할 때가 있습니다. 내가 하는 이야기가 정답은 아니지만 경험한 목회 21년차의 전도 이야기였습니다. 기독교에 대한 안 좋은 이미지, 공감 가는 전도방법, 감동이 넘치는 기도 등 앞으로 과제가 참 많습니다.

신학대학원에서 공부하는 학생들의 질문은 날까롭습니다. 이 시대를 읽는 감각과 전도에 대한 부정적인 요소들을 질문합니다. 먹고 사는 문제가 해결되는 사람들에게는 예수님을 어떻게 소개해야 하는가?

세상이 변화되어 가도 인간의 영혼 문제는 예수님께 나아가야 해결 받을 수 있습니다. 예수님이 우리 인생의 길이요 진리요 생명입니다. 예수님이 부활이요 생명입니다. 예수님의 십자가와 부활은 우리 신앙생활의 핵심입니다. 우리를 구원하러 오신 예수님을 분명히 알고 전도하는 것이 참으로 중요합니다.

꽃등심

오늘 토요일 전도는 기적입니다. 하나님의 놀라운 깜짝 쇼라고 해도 됩니다. 보통 토요일 전도는 10여 명 만나는 것이 보통인데 오늘 전도는 거의 40명 이상 만났습니다.

오늘 전도는 우리 교회 어린이부터 시작했습니다. 빵과 요구르트를 주었습니다. 전에 어른들에게 전도할 때 나를 대신해서 치과 접수를 해 주신 여자 어른이 있었습니다. 그분이 손자랑 같이 지나 가셨습니다. 어디서 뵌듯하다고 하였더니 치과 이야기를 해서 기억이 났습니다. 그때 제 명함을 드려 제가 목사인 것을 알고 계셨습니다.

오늘은 지나가는 사람들이 많았습니다. 지나가는 어른 중에 다른 교회에 다닌다고 하면서도 빵을 받아가는 것을 보면 속상하다고 아내가 말합니다. 그 와중에 내가 알고 있는 그분은 주일에도 일한다고 하면서 자기가 주로 쓴다는 칫솔(777)을 하나 주고 갔습니다.

우리 교회 전기 수리를 해주신 '넘치는교회' 김태형 집사님께서 지나가시다가 우리를 보고 인사를 하시기에 빵 하나를 드렸는데 조금 후 차에서 내리시더니 아내에게 무엇인가를 주고 가셨습니다. 아내가 열어 보니 꽃등심이었습니다. 내 돈 주고 사 먹을 수 없는 고기라고 아내가 고마워 눈물이 난다고 합니다.

요즘 개콘에서 "고객님, 당~ 황하셨어요?"라는 유행어가 있듯이 "사모님, 당~황하셨습니다."라고 말했습니다. '이렇게 대접하는 사람도 있구나!' 생각하고 우리도 그런 사람이 되어야겠다고 다짐합니다.

가지고 나온 빵과 요구르트가 다 떨어져 교회에 올라가 다시 빵을 가지고 와 전도했습니다. 오늘 전도는 기적입니다. 지금까지 토요일 전도에 이렇게 많은 사람들에게 빵을 주며 전도하기는 처음입니다.

"하나님 아버지! 감사하고 감사합니다."

중앙연회 비전 아카데미

2013년 6월 27일(목) 강의 제목은 "나의 전도 이야기" 입니다. 목회 20년 하면서 '내가 더 이상 이렇게 살아서는 안 된다.'는 생각으로 2012년 3월 17일(토)부터 주일을 제외하고 모든 날에 전도하고 있습니다.

나에게 매일 전도하도록 영향을 준 분이 터치 전도 신경직 목사님이십니다. 전도지 50장~60장을 가지고 매일 전도하셨습니다. 주일도 전도하셨습니다. 그렇게 열심히 전도하셨던 목사님이 암으로 하나님의 부르심을 받았습니다. 마음이 안타깝습니다. 지금도 전도하다가 힘들어도 전도할 수 있는 이유는 신 목사님의 전도 열정이 나에게 전해오기 때문입니다.

또 한 분은 같은 감리교회 목사님이시고 나와 같이 어린이집회를 인도하시는 정경수 목사님이십니다. 오랫동안 같이 어린이집회를 인도하는 사역자로 친분이 있었는데 서울연회 목회 아카데미 강사로 오셔서 강의를 하셨습니다. 그리고 우리 교회에 방문하셨고 그때 건빵 전도하라고 하셨습니다. 그때부터 건빵 전도가 시작되었던 것입니다. 시작된 건빵 전도 이야기를 페이스북과 우리 교회 카페에 썼습니다. 내 전도 이야기를 보면서 격려해 주시는 분이 있습니다. "생명을 나누는 사람들"에 조정진 목사님입니다. 그동안 생명을 나누는 사람들이 교회에서 많은 사랑을 받아 왔기에 이제는 교회에 도움을 주고 싶다고 하셔서 생명을 나누는 사람들 직원이 월급에서 일부(건빵 5박스)를 후원하기 시작했습니다.

또 한 분이 있습니다. 21세기 성경연구원 원장이시고 제주 기적의 교회에 정성학 목사님이십니다. 목사님께서 내가 전도하는 것을 보시고 '어떻게 하면 전도하는 데 도움이 되게 할까'하다가 서울 석관제일교회(이영찬 목사님)에서 빵을 굽는 일을 하는데 거기서 나오는 카스테라를 매주 50개씩 후원하기 시작하셨습니다. 건빵은 유통기간이 길지만 카스테라는 유통기간이 짧아서 전도를 그때그때 해야 합니다.

지금도 주일을 제외하고 매일 전도하고 있습니다.

"왜 전도가 안 될까요?"라는 질문에 "전도가 정말 중요하다고 알지 못해서, 바빠서, 끈기가 없어서, 사람이 두려워서, 전도열매가 없어서, 대답 중에 창피해서." 하는 등 솔직한 대답에 고맙다고 했습니다.

"나는 왜 매일 전도할까요?" 전도하지 않으면 미칠 것 같아서입니다. 예수님의 지상 명령이든, 교회가 부흥하고 성장하기를 위해서든, 내가 전도할 수밖에 없는 것은 전도하지 않고 교회가 부흥되기 어렵기 때문입니다. 전도해도 사람들이 잘 오지 않는 시대에 살고 있기에 더 전도해야 합니다.

"매일 전도하라."고 권면했습니다. 매일 전도해야 합니다. 그 이유를 다 설명할 수는 없지만 목회는 사람이 있어야 합니다. 사람 없이 목회하기는 어렵습니다. 다음과 같이 외치게 했습니다.

"나는 매일 전도합니다."
"나는 오늘부터 매일 전도합니다."
"나는 오늘부터 매일 전도하기를 결심합니다."

21년 목회하면서 예배에 목숨 걸고 새벽기도회를 반드시 하라고 했습니다. 교회가 부흥하기 위해서는 교회에서 예배드리는 사람들이 많아야 합니다. 새벽예배 혼자서라도 해야 합니다. 찬송하고 성경보고 녹음하면서 설교하라고 했습니다. 혼자 설교하려고 하면 힘든데 녹음하면서 설교하면 할 수 있습니다. 요즘 나는 휴대폰으로 설교를 녹음합니다. "~음, ~어, ~으"와 같은 쓸데없는 소리가 들어간다는 사실과 말이 많이 빠르다는 등등을 녹음하면서 배우고 있습니다.

　1시간 기도하는 법을 프린트해 주며 1시간 기도하라고 했습니다. 담임목사(영력, 지력, 체력, 인력, 경제력)를 위해, 교회 부흥을 위해, 온 성도들을 위해, 특별히 성도들의 이름을 불러 가며 기도하라고 했습니다.

　성경도 매일 보라고 했습니다. 성경이 믿어져야 합니다. 성경이 살아 움직이도록 말씀을 믿음으로 선포해야 합니다. 하나님의 말씀에서 믿음이 오고 은혜가 오고 능력이 옵니다.

　1) 하나님이 누구신가?
　2) 내가 은혜 받은 것이 무엇인가? 감사할 것이 무엇인가?
　3) 내가 당장 적용해야 할 것이 무엇인가?

　설교는 미리 준비하라고 했습니다. 설교 준비가 늦으면 설교자도 소화를 못하고 더듬거리기 때문에 미리 준비하고 점검하라고 했습니다. 설교를 녹음해 다른 사람에게 보내 반응을 들어 보라고도 했습니다. 설교에서 가장 중요한 것은 예수 그리스도를 전하는 것입니다. 예수 그리스도를 전하며 복음의 능력을 선포해야 합니다.

　그리고 성도들과의 관계는 무조건 '사랑'이라고 했습니다. 사랑하는 것밖에 없습니다. 또한 성도들이 복을 받아야 합니다. 교회에 복 받은 성도들이 있어야 한다고 말했습니다.

서울에서 목회하는 친구 이야기입니다.

목사가 준비해야 할 것

1) 하나님과 나의 관계

2) 사랑

3) 성실

큰 교회에서 도와야 할 것

1) 인력지원. 특히 신학생들이 와서 도와주었으면 좋겠다. - 혼자서 다 할 수 없다.

2) 신학생들을 후원할 수 있는 재정 지원. - 교회의 월세나 살림에도 필요하다.

3) 목회코칭. - 예배, 설교, 상담 등 목회 전반에 대한 코칭을 받아 본 적이 없다.

결론으로 부흥이 아니라 행복입니다. 부흥하려고 힘쓰지 말고 행복을 위해 힘써야 합니다. 내가 행복하게 목회하면 내가 행복하게 전도하면 하나님이 그 행복한 삶 속에 하나님의 부흥을 주실 것입니다. 나는 한국에서 목회하는 모든 목사님들이 부흥이 아니라 행복한 목회가 되고 행복한 목사가 되기를 오늘도 기도합니다.

선교비 후원

　　2013년 9월 28일(토) 저녁 9시쯤에 서울연회 월곡교회 김종훈 감독님으로부터 전화가 왔습니다.

　　김종훈 감독님께서 "날마다 전도를 하느냐? 오늘 전도하다가 아내랑 싸움이 있었느냐?" 하시며 전도하는 모습이 너무 감동이 된다고 이달부터 매달 선교비를 보내 주신다고 하셨습니다. 나는 그저 전도하였을 뿐이었는데 감독님께서 교회를 통해 매달 선교비를 보내 주셨습니다. 제가 김종훈 감독님을 개인적으로 잘 알지도 못합니다. 그저 성함만 알 정도입니다. 그저 전도만 하여도 하나님이 일하시고 용기를 주십니다. 매일 전도하니까 돕는 손길이 있습니다.

귀한 손님

2013년 9월 30일(월)에 우리 교회에 귀한 손님이 오셨습니다. 제가 고등학교 다닐 때 나를 가르쳐 주셨던 이주익 선생님이십니다. 지금은 미국에 가 계시는데 한국에 사업차 들어오셨습니다. 이분은 자연 농업협회를 하시는데 아프리카 등 여러 나라에게 전기와 물을 공급하면서 스스로 자립할 수 있도록 도와주시는 등 보이지 않는 선교 활동을 하고 계십니다.

오늘 아침에 대화를 나누면서 많은 것을 배웠습니다. 죽을 고비를 가지고 있으면서도 선교 사역을 감당하고 있는 선교사들 이야기는 참 감동이었습니다. 우리는 너무나 편하게 예수님을 믿고 복음을 전하고 있다는 생각이 듭니다.

의정부에 오시면 제가 부대찌개를 대접하는데 오늘은 아침 식사와 맛있는 커피까지 대접을 받았습니다. 목사님과 선교사님은 본인이 꼭 대접한다고 하셨고 건빵 전도를 하고 있는 것을 아시고 저에게 200불도 주고 가셨습니다. 저보고 행복한 얼굴이라고 하셨습니다. 사람을 만나러 다니다 보면 인생이 힘들고 어려운 사람도 많이 만나는데 힘든 환경에도 얼굴이 밝아서 좋다고 하셨습니다. 그저 선생님을 만나 많은 것을 듣고 배워서 좋고 건빵 전도 사역하는데 협력해 주시니 참 감사할 뿐입니다.

오늘은 아침부터 행복했습니다.
행복을 주는 사람이 되고 싶습니다.

건빵 전도 후원에 달러가 들어오기 시작합니다. 하나님, 엔화, 유로, 위안 등등도 좋습니다.

"하나님 아버지! 행복을 주셔서 감사합니다."

아내랑 함께 하는 전도

2013년 10월 24일(목) 전도는 오후 4시 30분에 아내랑 함께 했습니다. 주문했던 건빵이 택배로 왔고 카스테라 빵도 오는 날이라 잘 받았습니다. 아내가 혼자서 스티커 작업을 1시간 정도하였습니다. 이제 전문가 수준입니다. 내가 했으면 더 많은 시간이 걸렸을 것입니다.

오늘도 예수님의 마음을 가지고 전도현장으로 나갔습니다. 날씨가 추워 따뜻하게 입고 나갔습니다. 어떤 아주머니에게 "예수 믿으세요."라고 하면서 아내가 건빵과 전도지를 드렸습니다. 남자 어른에게는 내가 전도했습니다. 오늘 서중은 특별활동을 하였는지 학생들이 거의 안 지나갔습니다. 1시간 정도 전도했는데도 사람들이 많이 지나가지 않았습니다. 그래도 계속 전도했습니다. 남자 고등학생 3명이 나왔습니다. 내가 알고 있는 학생들이고 이 학생들은 빵을 받고자 온 목적이었습니다. 그런데 나는 오늘 내가 만든 복음 메시지를 전했습니다.

"실례지만 구원을 받으셨습니까?"

"아니요."

"혹 오늘 죽어도 천국에 갈 수 있겠습니까?"

"예"

말이 안 된다고 했습니다. "구원을 받지 않았는데 어찌 천국에 갈수 있느냐?"라고 했더니 자기는 "나쁜 짓을 많이 하지 않아 천국에 갈 수 있을 것이다."라고 대답했다는 것입니다. 그래서 예수님을 믿어야 죄 사함을 받고 용서받는 것이라고 알려주었습니다. 죄는 내가 지었지만 그 죄 값은 예수님이 지셨다고 설명하고 예수님이 십자가에서 우리 대신 죄 값으로 죽으시고 부활하셨음을 알려주었습니다. 우리가 예수님을 믿어야 하는 이유는 예수님이 부활하셨기 때문이라고 설명한 후 옆에 있는 친구에게 이야기하면서 전도지 뒷면을 따라 읽게 했습니다.

"주 예수를 믿으라 그리하면 너와 네 집이 구원을 얻으리라!
하나님, 지금 예수님을 믿습니다.
지옥 가지 않고 천국 가게 하시니 감사합니다.
예수님 이름으로 기도합니다. 아멘"

따라서 읽었지만 이들이 예수 믿기를 받아들였는지는 잘 모릅니다. 그저 건빵 받으러 왔다고만 생각하고 예수님을 마음에 영접기도하는 것으로 전도하는데 전과는 다른 분위기가 느껴졌습니다. 카스테라 빵과 건빵 한 개씩 주었습니다.

이번에는 우리 교회에 잘 나오지 않은 선정이가 왔습니다. 오랫동안 교회에 나오지 않는 집사님의 딸입니다. 이 아이는 초등학생인데 카스테라 빵 2개와 건빵 4개을 받아 가면서 상당히 미안하다고 말합니다. 그래서 내가 미안할 것 없다고 했습니다. '나중에라도 교회에 오면 되지.' 속으로 말했습니다.

아내랑 전도하는데 우리 교회에 나온 지 4개월 된 성도가 그 아들 진우와 함께 와서 배랑 쵸코렛을 주고 가셨습니다. 쵸코렛은 추울 때 먹으면 든든하다고 하셨습니다.

"하나님 아버지!
오늘도 전도하게 하시니 감사합니다.
사람들이 매일 전도 나가는 것이 쉽지 않다고 하는데 난 일단 나가고 봅니다. 나가서 전도하는 것이 좋습니다."

열매는 잘 모릅니다. 작년보다 올해에 교회에 오는 사람이 많지 않습니다. 그래도 전도해야 교회가 산다고 생각합니다. 전도가 잘 되는 교회가 되기를 오늘도 소원합니다.

목회를 시작하는 전도사님 초청

2013년 11월 10일 주일 오후예배는 행복이 넘치는 교회 김영광 전도사님을 초청하여 예배드렸습니다. 김 전도사님이 혼자 예배드려야 한다는 사실을 알고 우리 교회도 성도는 적지만 오라고 했습니다.

평상시 우리 교회 오후예배 드리는 대로 닛시 찬양단(3명…드럼, 베이스기타. 키보드)의 찬양이 있은 후 합심해서 통성으로 기도했습니다. 얼마나 뜨겁게 간절하게 기도하는지 우리 교회 성도들이 이렇게 간절히 기도하는 것을 평상시에는 보지 못했었습니다. 교회에 나온 지 5개월 된 성도 정주연 성도님이 대표기도를 했습니다. 이분도 처음으로 기도하는 것입니다. 미리 기도문을 작성해 왔기 때문에 잘 읽어나가면 되었습니다. 떨리는 목소리였지만 그래도 잘했습니다.

드디어 말씀 시간입니다. 여호수아 2장 1-14절의 본문으로 "복음을 소유한 자의 참모습"이라는 말씀을 전하셨습니다.

복음을 가진 자의 참모습은

1. 당당함이다.

두 정탐꾼이 죽을 고비가 있었음에도 살아났고 두 정탐꾼이 라합에게 고맙다고 이야기해야 하는데 오히려 라합이 두 정탐꾼에게 살려 달라고 청했다. 죽을 고비에서 살아가는 당당함이 있었고 은혜를 받은 사람에게도 당당함이 있었다. 복음을 가진 사람은 환경이 어려워도 그 복음으로 인해 당당하게 살아야 한다.

2. 복음의 구체적 증거이다.

두 정탐꾼은 라합에게 창문에 붉은 줄을 매라고 하였다. 복음을 가진 자는 복음을 전하는데 구체적으로 전한다. 우리가 유명한 맛집에 갔을 때 그 집의 맛에 대해 구체적으로 설명하는 것처럼 창문에 붉은 줄을 맬 것을 정확하게 말해 주었다는 것이다. 복음을 정확하게 전해 주어야 한다.

담임목사가 매일 전도한지 1년 반이 넘었는데 이제 목사님만 전도하는 교회가 아니라 성도들도 목사님과 함께 전도하는 교회가 되어야 한다고 하면서 목사님이 전도하자고 하면 전도하는 일에 함께 동참하라고 하셨습니다. 담임목사님이 전도하는데 성도들이 전도 안 하면 안 된다는 것입니다. 목사와 성도가 하나가 되어 같은 방향으로 나갈 때 성장할 수 있다고 했습니다.

모든 예배를 마치고 김 전도사님이 우리 쌍둥이 아들에게 그동안 자기가 찬양인도하면서 얻은 노하우를 가르쳐 주었습니다. 우리아들은 감사함으로 잘 받아 주었습니다.

"하나님 아버지!
의정부에서 새롭게 목회 시작하는 행복이 넘치는 교회 김영광 전도사님께 성령님의 능력으로 함께 하여 주시고 행복한 목회가 되게 하옵소서. 아멘"

축호전도 훈련

축호전도는 아파트에 올라가서 초인종을 누르며 전도하고, 상가에 들어가 전도하는 것입니다. 전도만 전문으로 하였던 전도사님들이 전도 코칭을 해 주었습니다. 전문 전도사님들은 전도하는데 파워가 있었습니다. 어떤 경우에도 포기하지 않고 전도하셨습니다. 아파트에 가서 초인종을 누르고 사람을 만나는 것이 쉽지 않았지만 훈련하다 보니 말을 할 수 있게 되었습니다.

축호전도 보고하는 시간입니다.

1. 엄마랑 아이랑 집 – 사랑으로 돌보아 주어야 합니다. 교회에 나오도록 권면하되 아들을 위해서라도 교회에 다녀야 함을 권면했습니다.

2. 학생 집 – 축호전도 하면서 나를 먼저 알아보는 학생이 있었습니다. 경민IT고등학교 3학년 졸업반이라고 하는데 특강을 통해 나를 안다고 하였습니다. 부모님이 교회를 다니지는 않지만 본인은

교회에 다닌다고 하여 그 학생을 위해 축복기도하고 왔습니다.

3. 어느 아저씨네 집 – 누가 남의 집 초인종을 누르냐고 하면서 약간의 화를 냈지만 노방전도 하는 것이라고 설명하면서 친절하게 인사를 했습니다. 남의 집 초인종을 눌러 죄송합니다. "예수님 믿으세요."라고 하였습니다. 그분의 반응은 거부이지만 그래도 전도하며 예수님을 믿으라고 권면했습니다.

전도 훈련 중 집집마다 돌아다니며 전도하는 축호전도는 누가 나올지 모르니 성령을 의지할 수밖에 없습니다. 성령의 기름부음이 충만하게 채워지도록 기도해야 합니다. 집집마다 초인종을 누르며 어떤 일이 있을지 알지 못하기 때문입니다. 누가 나오든지 전도할 의무가 그리스도인들에게는 있습니다. 말하는 기술, 복음 전하는 능력, 위기대처 능력 등 다양한 기술과 능력을 함께 가지고 있어야 합니다. 앞서서 하는 모습을 보고 따라 해 보라고 하면 처음에는 두려움이 있는데 하다 보면 할 수 있다는 생각이 듭니다.

전도에는 왕도가 없습니다. 어떤 전도라도 할 수 있어야 합니다. 어떤 사람도 놓치지 않고 예수님을 믿으라고 말하고 복음을 제시할 수 있어야 합니다. 그 만큼 훈련이 필요합니다. 매일 전도하면서 배우는 것이 좋습니다. 전도를 하다가 말다가 하면 더 못하는 것입니다.

전도의 새로운 길

지방에 몇 목사님, 전도사님들과 함께 점심을 하면서 "성령님을 의지하고 말씀과 기도에 전념했더니 새로 온 성도가 있었다."는 살아 있는 이야기를 듣게 되었습니다. 가능교회 고성호 전도사님과 행복이 넘치는 교회 김영광 전도사님께서 전도하면서 성령님과 말씀을 의지하여 전도하니 전도의 열매가 있었다고 하셨습니다.

그 와중에 철원에서 목회하시는 목사님에게서 전화가 왔습니다. 얼마 전에 저희 교회에 찾아오신 철원 구수교회 최광순 목사님이십니다. 최 목사님은 전국을 누비며 교회와 교회 사택을 건축해 주시는 목사님이십니다. 철원에서 목회하고 계시는데 전교인들이 예배를 잘 드립니다. 시골인데 어린이나 학생들이 많이 오고, 도시에서 시골로 오는 교회입니다. 오후 예배시간에는 오전에 들은 말씀을 가지고 대화, 토론, 적용을 각 파트별로 모여 표현하고 발표하는 교회입니다. 들은 말씀을 가지고 자기들이 토론하고 적용하면서 믿음이 잘 자라나는 교회입니다. 이 교회는 찜질방도 있습니다. 토요일마다 학생들이 교회에 와서 성경 읽고, 기도하고, 교회 청소도 하는

데 지도자 없이도 학생 스스로 잘 한다고 합니다.

구수교회 최광순 목사님께서 매일 전도하고 있는 나를 격려하기 위해서 지방에 내려갔다가 올라오셨습니다. 그날은 눈이 많이 왔습니다. 그래도 저를 보고 가시면서 매일 전도하여 주어서 고맙다고 인사하고 가셨습니다.

최 목사님께서 심방하시고 소개해 주신 병원에 입원해 있는 성도로부터 심방해 달라고 하는 전화와 문자가 왔습니다. 아내랑 같이 병원에 갔습니다. 평신도로서 은사를 받아 아픈 사람을 위해 기도해 주면 병이 낫고 상대방의 아픔을 가슴으로 느끼지만 말씀과 기도가 약하다고 멘토가 필요하다고 하셨습니다. 말씀과 기도는 내가 할 수 있다고 말해 주고 성경도 읽어주고 기도도 해 주고 왔습니다. 새해부터 승리교회에 나오겠다고 약속했습니다.

이분이 먼저 카톡으로 자신의 이야기를 보내왔습니다. 지금도 카톡으로 이런저런 이야기를 주고받고 있습니다. 새해를 시작하는 이쯤에 전도가 되어 매우 기쁩니다. 좀 더 기도가 필요하고 기다려야 합니다. 새벽마다 일꾼을 보내 달라고 기도하고 있는데 말씀과 은사들이 잘 활용되면 전도하는 데도 큰 힘이 됩니다.

이런저런 일을 하다가 저녁 6시 40분쯤에 전도현장에 나갔습니다. 초등학생인지 중학생인지 몰라 물었더니 중학생이라고 했습니다. 훌륭한 사람이 되고 예수 믿으라고 했습니다. 이번에는 여자 중학생(2명)이 지나가는데 예수 믿으라고 했더니 한 명의 학생이 자기도 달라고 해서 전도지를 주었습니다. "이쁘네, 교회에 다녀야지."라고 하였습니다.

여자 어른이 지나갑니다. "예수 믿으세요." 하면서 전도지를 주었더니 받아 가면서 "감사합니다."라고 말했습니다. 남학생들이 지나갔습니다. 내가 아는 친구가 있어 건빵과 전도명함을 주었습니다.

우리 교회 여자 집사님과 두 딸이 지나가고 있습니다. 교회에 잘 나오지 않는 집사님이라 오늘 송구영신 예배가 있다고 말해 주었습니다. 한 해를 마감하고 한 해를 시작하는 날이라 참 중요하고 의미가 있다고도 말해 주었습니다. 교회에 들어와서 카톡으로 문자를 드렸습니다.

오늘도 전도하게 되어서 매우 기쁩니다. 이제 하나님의 방법대로 예수 믿어야 할 사람을 만나게 됩니다. 불신자도 만나고 신앙생활 하다가 낙심한 자도 만나게 됩니다.

할렐루야!
2013년 전도하게 하시니 감사합니다.
2014년 기대가 됩니다. 이미 승리했습니다. 이미 잘되고 있습니다. 여호와 닛시.

구수교회 최광순 목사님께 소개받은 성도는 전경희 성도님이십니다. 신앙생활을 약 20년 정도 하셨습니다. 이분이 송구영신예배에 오셨습니다. 그리고 며칠 뒤 퇴원하셨는데 병원비 325,094원 감면 받았습니다. 의정부에 나눔과 기쁨이라는 단체가 있어 의정부교회 안영남 목사님께 연락드렸더니 병원비를 감면받게 도와주신 것입니다. 전경희 성도님이 이날 이후에 승리교회에서 신앙생활을 하고 있습니다.

그 후 전경희 성도님은 2016년 4월 3일 창립 23주년을 맞이하여 집사로 임명되었습니다. 3년째 교회를 섬기며 손 재능이 뛰어나 전도 반지와 팔지를 만들어 전도하는 데 쓰라고 가지고 오십니다.

전도는 성령님이 하십니다.
나는 그저 순종하고 나가면 됩니다.

미인대칭 전도 세미나

2014년 3월 9일(주일)에 미인대칭 대통령 김기현 목사님을 모시고 미인대칭 천국교회 관계전도 세미나를 열었습니다. 한마디로 "좋다."입니다. 너무 좋았습니다. 이 운동이 계속 확장되어야 한다는 생각이 들었습니다. 이날 세미나 내용입니다.

1. 교회 부흥은 분위기입니다.

교회 부흥은 분위기이다. 말씀, 기도, 전도보다 서로 인사하고 인간관계가 제대로 되는가 안 되는가에 교회부흥이 달려 있다. 인간관계가 좋아지려면 인사부터 해야 한다.

웃음치료 박수 ── 하하하

건강박수 … 30초 동안 130개 박수를 친다.

내가 최고 …

하하하하 ── 최고입니다.

미인대칭 … 당신이 최고 … 화이팅

2. 속회시간은 미인대칭 훈련장입니다.

1) 항상 기뻐하라 … 하하하 … 웃는다.
2) 범사에 감사하라 … 성도들이 한 주간에 감사했던 5가지 말하기.
3) 쉬지 말고 기도하라 … 성도들이 가지고 있는 기도제목을 나눈다.

교회의 장점, 담임목사의 장점, 성도들의 장점을 말해 주기 … 100개

3. 전도

좋은 아침입니다.
행복하십시오. 감사합니다.

큰 소리로 말한다.

인사하면서 관계를 맺고
심청대화를 한다.
안녕하세요.
반갑습니다. 요즘 어떻게 지내십니까?
(이 질문이 중요하다)

이 세미나에 참석하는 행복이 넘치는 김영광 전도사님이 녹양역
에서 매일 전도하는데 오늘 격려차 가서 거기에서 전도했습니다. 미
인대칭세미나에서 배운 대로 "좋은 아침입니다. 행복하십시오. 감사
합니다."이것만 해도 기분이 좋았습니다. 전도용품으로 마스크팩을
가지고 나가셨는데 그것을 받고 안 받고 상관이 없었습니다.

전도가 끝나고 아침 식사하러 가려고 하는데 가능교회 고성호
전도사님이 오셨습니다. 전도사님도 격려하러 왔다고 하셨습니다.
서로 연락을 하지 않았는데 이렇게 모이게 되어 또 다른 전도사님
을 한 분 더 모시고 아침식사를 하였습니다.

여기서도 미인대칭 전도 세미나 이야기를 나누고 어떻게 전도하
고 목회해야 하는지 이야기를 나누었습니다. 각자 담임목회를 하
고 있지만 각 교회 담임목회를 하면서 연합하여 할 수 있는 것은 같
이 해 보자고 했습니다. 한 교회에 전도하러 지방 목회자들이 함께
가서 해 주는 것입니다. 각자 목회하면서 큰 행사를 함께 하면 정말
멋진 목회를 할 수 있습니다.

오늘도 행복하게 하루를 시작했습니다.
모든 영광을 하나님께 돌립니다.

새벽기도자리를 지키는 성도

송추에서 자기 자동차를 가지고 우리 교회 새벽기도회에 참여하고 있는 손상기 권사님이 계십니다. 권사님은 지금도 자기 자동차를 가지고 우리 교회에 새벽기도회에 참여하고 있습니다. 약 3년 동안 거의 안 빠지고 새벽기도회에 오십니다. 새벽기도회를 꾸준히 참석하는 성도님이 안 계셨는데 손 권사님이 오셔서 새벽기도회를 지켜 주시니 감사합니다. 더군다나 혼자 오시는 것이 아니라 권사님의 딸과 사위와 손녀랑 함께 오십니다. 그러니 새벽기도회 및 모든 예배가 살아났습니다.

사위 집사님은 우리 교회에 오셔서 좋은 일이 많습니다. 현재 비행기 부기장님으로 일하면서 하나님의 나라와 의를 위해서 힘쓰고 있습니다. 이분은 목회자를 잘 돕는 사역자로 섬기기를 원합니다. 이분의 글입니다.

어려서부터 저를 찾아오신 예수님을 기억합니다.
언제나 항상 같이 계셨던 예수님을 기억합니다.

나의 삶을 강권적으로 주관하신 예수님을 기억합니다.

'부르심'을 허락하신 예수님을 기억합니다.

예수님을 위해 일하는 사람을 돕는 자로 세워 주옵소서.

알렌과 같은 사람이 되게 하여 주옵소서.

이제 부르심에 응답합니다. 에바다. 아멘

이 성도님은 2년 뒤 우리 교회 집사님이 되셨습니다. 지금도 신앙생활을 잘하고 계십니다.

도시락 & 토크에 참여

2014년 5월 19일(화) 감신 동기이신 박인성 목사님께서 감신대에서 신학생 대상으로 일주일에 한 번 점심식사를 대접하는 도시락 & 토크를 하십니다. 여기에 초청받아 감신대에 갔습니다. 제가 11번째라고 합니다. 오늘 약 40명 정도 감신 후배들에게 한 말입니다.

1. 하나님의 말씀에 전문가가 되라.

　성경 한 장 한 장 설교하라.

　하나님의 음성을 듣는 훈련을 하라.

2. 영혼 사랑을 사모하라.

　전도하라~ 전도전문가가 되라.

3. 목사가 되기 전에 사람이 되라.

　함께 할 동역자가 되라.

　스승이 되지 말고 아비가 되라.

　섬기는 자가 되라.

4. 하나님의 부르심이 확실한가. 내가 꼭 해야 할 일이 무엇인가?

5. 배우자를 잘 만나라.

기도를 많이 해야 한다.

요약

1. 개척교회를 하라.

내가 맡은 자리에서 부흥을 경험하라.

내게 맡겨진 일에 대해서 좋은 결과를 가져 와라.

개척하면 왜 하나님의 말씀을 읽어야 하는지. 한 영혼이 얼마나 귀한지를 알 수 있다고 하였습니다.

2. 하나님의 일을 하기 전에 하나님의 부르심에 확신을 가지라.

식사하는 중에 "하나님의 부르심을 어떻게 받는가?" 질문하는 1학년 학생이 있었습니다. 내적 부르심과 외적 부르심이 있다고 말해 주었습니다. 본인이 하나님께 부름을 받은 경험과 주위에서 목사가 되라고 권한 말을 들은 적이 있는지 살펴보라고 했습니다. 1학년 학생은 자기는 부르심에 확신이 없다고 했습니다. 공부하면서 하나님의 부르심을 깨달으면 된다고 말해 주었습니다.

3. 배우자를 위해 기도하라.

난 배우자를 위해 11년 기도했다고 말해 주었습니다. "목회는 목사 혼자 하는 것이 아니다. 정말 배우자를 잘 만나야 한다."고 하였더니 우리 후배들이 박수를 쳤습니다. 한마디 더 했습니다.

"좋은 배우자를 만나기 위해 먼저 내가 실력 있는 사람이 되자."

지금까지 온 사람들 중에 가장 확실하고 분명하게 말해 주었고 신학생들이 꼭 들어야 할 말이라고 하였습니다. 무엇보다 짧아서 좋았다고 하였습니다. 비록 학교 채플은 아니지만 개척교회를 하면서 지금까지 정리한 것들을 말해 주고 왔습니다.

박인성 목사님이 "오늘 토~크 게스트의 동기 이충섭 목사님은 어린이 부흥사이며 매일 전도하는 신실한 친구다. 후배들이 생각지 못했던 참 좋은 말씀을 주었다."라고 내 토크에 평을 해주셨습니다.

후배들에게 준 두 가지 핵심 체크포인트

첫째, 개척하라 – 자신의 주어진 환경에서 개척의 삶을 경험하라.

둘째, 배우자를 위해 기도하라.

신학대학에서의 공부는 실력과 인성과 사명감이 있어야 합니다. 하나님의 부르심에 대한 분명한 사명이 있어야 하고 그 사명을 감당할 수 있는 실력을 갖추어야 합니다. 동시에 영혼에 대한 분명한 사랑이 있어야 합니다. 사람을 좋아하고 사랑할 줄 알아야 합니다. 앞으로 하나님의 동역할 사람들을 만나고 좋은 관계를 가지고 살아가는 것은 너무나도 중요합니다. 신학대학부터 앞으로 하나님의 나라와 의를 위하여 일할 협력자들이 있다는 것은 좋습니다. 같은 꿈을 향해 목회 영성과 인성과 믿음을 가지고 있어야 합니다.

피자 전도 주일

    2014년 6월 29일(주일) 어린이와 학생들의 피자 전도 주일을 하였습니다. 학생들이 시험 기간인데도 왔습니다. 피자나 치킨을 먹는 날 전도에 학생들이 많이 오는 것 같습니다. 어느 해에 성탄절 예배 때 학생들에게 문화상품권을 준다고 하였더니 그날 학생들이 많이 왔었습니다.

    학생 전도는 친구들 전도입니다. 핵심적인 학생이 누구인지 파악하고 그들을 초청하는데 피자나 치킨 먹는 것이 참으로 좋습니다. 먹는 것과 무엇으로 재미있게 놀 것인지 생각해야 합니다. 학생들은 친구들이 있으면 좋은 것입니다. 그들에게 먹을 것과 놀 수 있는 공간이 있으면 됩니다. 학생들이 좋아하는 축구나 농구, 탁구 등 무슨 운동이든 좋습니다. 문제는 처음 나온 학생들에게 어떻게 복음을 전할 것인가 하는 것입니다. 학생들에게 문화상품권을 준다고 하면서 복음을 들을 수 있는 기회를 갖게 하는 것도 좋습니다.

노방 전도의 첫 열매 어른 성도

2014년 8월 13일 수요예배에 노방 전도를 해서 첫 어른이 와 예배를 드렸습니다. 전에 목사님께서 자기에게 건빵 2개를 주었다고 말하면서 예배를 드리러 온 분이십니다.

이야기도 잘하셨습니다. 이사 센터에서 일하시기에 매주 나오지는 못하지만 최선을 다해 신앙생활을 하십니다.

노방 전도를 해서 사람들이 들어온다는 것은 참으로 좋은 일입니다. 교회에 처음 오는 사람들은 대부분 자신이 가지고 있는 문제가 해결 받기를 위해 오십니다. 이 사실을 모르고 교회에 들어오면 양육하려고 합니다. 전도가 되었다면 양육보다는 정착이 먼저 되어야 합니다. 정착이 되기 위해서는 교회에 다니는 것이 재미가 있고 은혜로워야 합니다. 가지고 있는 문제가 해결 받아야 합니다. 그 문제를 해결 받지 못하면 교회를 떠납니다. 이런 분들은 교회에 다시 들어오기가 쉽지 않습니다.

　　처음 교회에 오는 사람들 중에 기존 성도들이 행동하는 모습을 보면서 실망을 합니다. 남에게 돈을 빌려가고는 갚지 않는 것과 같은 경우입니다. 교회에 와서는 거룩하고 뜨겁게 찬양하고 기도하는데 실제 생활에서는 거짓말하고, 욕하고, 술 먹고 하는 행동을 보면서 실망을 많이 하게 되는 것입니다.

21세기 성경연구원 번개 모임

　　21세기 성경연구원이 있습니다. 원장은 제주도 기적의 교회 정성학 목사님이시고 방장은 석관제일교회 이영찬 목사님이십니다.

　　정성학 목사님께서 의정부 어느 교회의 부흥회로 오셨습니다. 2014년 8월 29일(목) 점심을 이용해 21세기 성경연구원 의정부 번개모임에 오셨습니다. 정성학 목사님께서는 내가 전도하는 모습을 보시고 '어떻게 하면 이 목사님을 도울 수 있을까?' 하시다가 석관제일교회에서 제공하는 빵을 승리교회로 매주 50개를 보내 주십니다. 4년 넘게 해주셨고 지금은 선교비를 보내주시고 계십니다.

　　매일 전도하는 것을 격려해 주시는 목사님들이 많이 계십니다. 매일 전도한다고, 고맙다고, 많이 도전이 된다고 말해 주십니다. 그런데 목회 연수가 20년도 넘었는데 여전히 교회가 작아 더 이상 이렇게 목회하면 안 되겠다는 생각이 듭니다. 상가교회에서 매일 전도하는 것이 쉽지는 않습니다. 전도하다가 보면 큰 교회 이름을 대는 사람도 있습니다.

매일 교회 앞이기도 하고 학교 앞인 전도 현장자리에 있습니다. 매일 하는 전도는 영혼구원하는 데 목적을 두고 있지만 전도하는 자의 예수님에 대한 신앙고백이기도 합니다. "나는 예수님을 믿는 사람입니다. 내가 예수님을 믿는 것처럼 당신도 예수님을 믿으세요."라고 말하는 것입니다.

"당신을 보니 마치 예수님을 보는 것과 같습니다."

세상 사람들에게 듣고 싶은 말입니다. 예수님처럼 사랑하고 기도하고 전도하는 사람이 되고 싶습니다.

특별 금요예배

    2014년 10월 31일 특별 금요예배에 서울 생명나무교회 이구영 목사님께서 오셨습니다. 이구영 목사님은 초등학교 때부터 지금까지 알고 지내는 목사님이십니다. 이 목사님은 찬양의 능력과 말씀의 파워와 성도님들을 감동시키는 사랑이 있는 목사님입니다. 동기 목사님들이나 주위에 힘들어하는 목사님이나 주위에 어려운 성도들에게 베푸는 일을 잘하십니다. 우리 교회를 위해 기도해 주고 우리 교회가 어려운 일을 당하였을 때도 직접 와서 격려해 주시고 때로는 물질로도 도와주십니다.

네 양 떼의 형편을 부지런히 살피며 네 소 떼에게 마음을 두라 _잠언 27장 23절

나는 항상 소망을 품고 주를 더욱더욱 찬송하리이다 _시편 71편 14절

    이 목사님에게서 성도들을 사랑하는 것을 배웁니다. 목사님들과 식사하는 것보다 성도들과 식사하는 것을 더 잘해야 한다고 하십니

다. 목사는 성도들을 뜨겁게 사랑해야 하고, 설교 준비를 열심히 하고, 각 부서 성경공부 준비도 열심히 해야 한다고 하셨습니다.

목회 잘하는 사람의 특징은 설교 준비를 잘하지만 그 속에 믿음이 있습니다. 하나님께서 나를 분명히 쓰신다는 확신이 있습니다. 어려운 일을 당할 때도 당황하지 않고 믿음으로 기도하고 고비를 넘기는 것을 봅니다. 교회부흥도 전도도 다 믿음으로부터 옵니다. 믿음이 있는 목회, 믿음이 있는 전도가 되어야 합니다. 믿음이 없이는 아무것도 할 수가 없습니다. 목회가 된다는 믿음, 전도가 된다는 믿음이 있어야 합니다. 하나님이 하시기 때문입니다.

경민 IT 고등학교 매주 설교

경민IT고등학교는 기독교 학교입니다. 매주 수요일 1교시에 학급예배를 드립니다. 이 학교에서 설교한 지 12년이 되었습니다. 학생들 중에는 교회에 안 다니는 학생들이 더 많습니다. 이런 학생들에게 설교하는 것은 쉽지 않았습니다.

설교 내용의 말씀을 따라 적당한 이야기를 하면서 "큰 꿈을 갖고 예수님을 믿으라."고 전합니다.

어느 날 한 여학생이 "목사님, 넌센스 문제를 가지고 오세요?"라고 말해 주었습니다. 그다음부터 넌센스 문제를 가지고 가서 문제를 내니 반응이 좋았습니다. 그리고 간단한 간식도 매주 가지고 갔습니다.

학생들에게는 롤 모델이 절대적으로 필요합니다. 본받을 수 있는 사람이 필요함을 용기와 희망을 주면서 설득력에 있게 전해 주었습니다. 학생들은 비교적 말씀을 잘 듣는 편이지만 가끔 반기를 드는 학생들도 있습니다. 지혜가 필요하고 테그닉도 필요합니다.

하나님의 은혜로 12년째 경민학교에서 설교할 수 있어 감사합니다. 말씀을 전할 수 있는 기회가 있다는 것이 감사합니다.

학교에서 설교 듣는 학생들을 '어떻게 교회로 인도할 것인가?'하는 고민이 있습니다. 가끔 교회에 온 적이 있어도 교회에 와서 꾸준히 신앙생활하는 학생은 없습니다. 다른 목사님 중에는 교회에 찾아와서 꾸준히 신앙생활하는 학생이 있다고 합니다. 그만큼 헌신하고 애정을 쏟기 때문입니다. 전도자가 예수님에 십자가의 사랑을 가지고 사랑하며 감동을 주어야 합니다. 감동을 주는 만큼 반응이 있습니다.

아프리카 공화국 미챌스 플레인 교회 건축

　아프리카에다 교회 건축하려면 천만 원이면 된다고 합니다. 그래서 우리 승리교회에서 도전해 볼 수 있다는 생각이 들었습니다. 미챌스 플레인 교회를 세우기로 하고 그때부터 특별 건축헌금을 모으기를 시작해 2016년 2월에 약속한 건축헌금 천만 원을 보냈습니다. 지금도 미챌스 플레인 교회를 세우기 위해 기도하고 있습니다. 기도뿐만 아니라 매달 선교비를 보내고 있습니다. 우리 승리교회가 아프리카에다 교회를 세운다는 마음에 온 성도들이 하나가 되어져 좋았습니다. 건축헌금을 모으느라 마음고생을 했지만 감사하고 감사합니다.

　작은 교회가 뭔가 하나님의 일을 크게 하려고 할 때 믿음과 물질을 먼저 생각할 때가 있습니다. 이번 미챌스 플레인 교회를 세워 가는데 우리 교회가 도전해 본 것입니다. 교회는 작지만 아프리카에다 교회 건축을 해 보자는 것입니다. 도전하니까 할 수 있어 감사했습니다. 교회가 어느 정도 성도들과 재정적인 뒷받침이 되어 있으면 작은 교회도 얼마든지 하나님을 감동시키고 하나님의 일을 할 수 있습니다.

　외국에 나가 선교사명을 잘 감당하는 선교사님들이 많이 계십니다. 좋은 결과를 내는 선교사님도 있고 선교하기 위해 준비하고 좋은 토양을 만들어가는 선교사님들도 계십니다. 이분들이 열심히 선교사역하다가 어려움을 겪기도 합니다. 선교사를 파송한 교회가 어느 날 갑자기 선교후원을 중단하는 경우가 그렇습니다. 그러면 선교사님은 그 뒷감당을 본인이 혼자서 해야 하기 때문에 참으로 어려워하십니다. 선교는 하루아침에 이루어지는 것이 아닙니다. 그 선교지에 사람을 키워내는 것이 중요한데 왕준식, 박영선 선교사님 가정은 잘하고 계십니다. 이런 선교사님들에게 많은 것을 후원해야 합니다.

서울남연회 비전교회 세미나

2015년 4월 25일(목) 서울남연회 비전교회(60개 교회) 세미나 전도현장 강의를 하고 왔습니다. 강의 내용은 일주일에 몇 번만 전도하러 나가지 말고 매일 꾸준히 나가자고 하였습니다. 전도의 열매에 관심을 두지 말고 전도현장에서 하나님이 일하시는 것을 보라고 하였습니다.

간절한 마음으로 전도하며 목숨을 걸어야 합니다. 전도현장을 가지고 있는 사람이 강한 것입니다. 전도는 이론으로 "이렇게 하라. 저렇게 하라."는 것보다 현장에서 거절도 당해 보아야 합니다. 욕도 먹어 봐야 합니다. 아무리 힘들고 어려워도 전도하는 것을 포기해서는 안 되는 것입니다.

서울남연회 비전교회 세미나에서 느낀 것은 목회현장에 따라 전도할 방법이 달라야 한다는 것입니다. 목회가 다 똑같을 수 없습니다. 교회마다 사정이 다 다르기 때문입니다.

바라기는 교회 구성원을 잘 만나기를 소원합니다. 교회는 두세 사람이라도 마음이 맞고 같은 뜻, 같은 마음, 같은 생각을 가지고 신앙생활하면 참으로 좋고 행복합니다. 가장 기본적인 예배부터 잘 드리는 성도가 있어야 합니다. 예배뿐만 아니라 기도도 잘하고 봉사도 잘해야 합니다. 목사 혼자서 애쓴다고 되는 것이 아닙니다. 함께 하는 성도들의 적극적인 참여가 있어야 합니다. 목사와 성도가 어떤 교회를 이루어갈 것인가? 그 교회를 이루기 위해 무엇을 해야 할 것인가? 하는 분명한 목표와 분명한 실천의 모습이 있어야 합니다. 합력하여 선을 이루는 목회와 교회가 되어야 합니다.

교회학교를 살립시다

"다시 전도를 시작하라!"는 하나님의 뜻을 받들어 7개 광역시를 순회하며 "어캠붐붐"세미나를 열었습니다. 교회학교 50%의 대 위기 속에서 이를 극복하기 위한 거국적 운동으로 "다시 전도를 시작하라!"는 운동을 하였습니다.

2015년 5월 4일(월)에 매일 전도하기를 4년째인 나와 같은 목사 등 전도 실무자가 강의하였습니다.

"나가자! 만나자! 데려 오자!"라는 강의를 하였습니다.

일단 전도는 나가야 합니다. 나가면 50%는 하는 것입니다. 나가 사람을 만나야 합니다.

"안녕하세요? 반갑습니다.
교회에 다니니?
어떤 음식을 좋아하니?

앞으로 어떤 사람이 되고 싶니?"

가장 중요한 것은 데리고 오는 것입니다. 언제 우리 교회에서 친구를 초청하겠다고 말해 줍니다. 어린이 이름이나 핸드폰 번호를 알고 있는 것이 좋습니다. 그런데 어린이가 싫다고 하면 억지로 물어 보면 안 됩니다. 어린이 부모님이 경찰에 신고하는 경우가 있습니다.

어린이 예배는 신나야 합니다. 즐거워야 합니다. 어린이 설교는 재미있고 은혜로와야 합니다. 어린이 설교 자료를 많이 가지고 있어야 합니다. 어린이 설교 자료는 인포처치(http://www.infochurch.net)에 많이 있습니다. 여기에 내가 만들어 낸 파워포인트 어린이 설교가 있고 때로는 동영상 자료도 있습니다. 자료가 없으면 내가 이것저것을 활용해서 어린이 설교를 만들어 봅니다. 성경 66권 모든 내용의 설교가 준비가 되어 있으면 좋겠습니다. 이런 전문적 일을 하는 분들의 수고를 기억하고 공짜로 얻으려고 하지 않아야 합니다. 반드시 대가를 지불하면 좋겠습니다.

전도사님의 전도실습

　서울 양재동에 있는 어느 교회에 전도사님이 오셨습니다. 내 전도 이야기를 듣고 싶다고 하여 함께 점심을 하며 대화를 나누었습니다. 음식이 맛이 있으면 음식점에 손님이 많은 것처럼 교회도 맛이 좋아야 할 것과 그 교회의 맛은 사랑이고 설교임을 말해 주었습니다.

　식사 후 교회에 들어와서 커피를 마시면서 전도가 되려면 무엇을 해야 할지 말해주었습니다.

　1. 하나님께 전도에 대한 강한 부르심의 응답이 있어야 함.
　2. 함께 전도할 동역자들이 있어야 함.
　3. 꾸준히 나가서 전도해야 함.

　이 정도 이야기하고 전도현장으로 나갔습니다. 내가 전도하는 모습을 보여 주었습니다. 우리 교회에 다니는 요셉이랑 하훈이를 만났습니다. 그리고 여러 어린이들을 만났습니다.

"교회에 다니니?"하면서 전도하는데 옆에 있던 전도사님도 전도를 하십니다. 그래서 "내가 전도하는 모습을 보세요."라고 하였습니다.

교회에 다니니? 질문하면서 교회에 다닌다고 하면 열심히 다니라고 격려해 보내고 교회에 안 다닌다고 하면 예수를 믿으라고 하면서 건빵과 전도명함을 주었습니다. 그러다가 남자 어린이들을 만나면 가위바위보 게임을 하는데 얼마나 신나는지 모릅니다. 내가 3판 정도 연속으로 이겼습니다. 다른 어린이들은 가위바위보 하려고 줄을 섰습니다. 아이들과 호흡하고 있으면서 어른들이 지나갈 때도 놓치지 않고 "예수님을 믿으세요."라고 하면서 전도합니다. 아주 짧은 시간이었지만 아주 신나는 전도였습니다.

옆에서 구경하고 있던 전도사님이 어쩜 그렇게 어린이랑 소통을 잘하시냐고 참 재미있었다고 합니다. 그저 어린이랑 재미있게 놀면서 전도하는 것입니다. 오늘도 전도하게 하신 하나님께 감사드립니다.

"신나는 전도를 하게 하신 하나님 감사합니다."

빵이 다시 옵니다

　　2016년 2월 4일(토) 카스테라 빵이 왔습니다. 그동안 제주도 기적의 교회 정성학 목사님께서 그 교회를 통해 카스테라 빵을 약 4년 정도 보내 주셨습니다. 덕분에 전도를 포기하지 않고 매일 할 수 있었습니다. 전도할 때 사람이 없어서, 물질이 없어서 못한다는 소리를 듣고 '목사 혼자 전도해 보자' 하였을 때 따뜻하게 격려해 주시고 후원해 주신 것에 감사합니다.

　　교회 사정으로 계속 빵을 보낼 수 없다는 연락을 받았습니다. 한 달 정도 빵 전도를 할 수 없었습니다. 그런데 빵이 왔습니다. 알아보았더니 빵을 만들고 있는 석관제일교회 심남복 권사님께서 후원하신다는 것이었습니다. 놀랍지요. 하나님은 역시 전도하는 것을 보고 계셨고 격려해 주셨습니다. 빵을 받을 때마다 그 권사님의 가정에 백배의 복이 있기를 기도합니다. 기적의 교회에서도 선교비를 보내 주셔서 전도하는데 힘이 납니다.

　　매일 전도하는 것을 페이스북에 전도일기로 올립니다.

매일 전도하는 것에 큰 변화는 없지만 날마다 전도하는 모습을 글로 올리면 별거 아닌데도 관심을 가져 주시고 "좋아요."를 눌려 주시고 보이지 않게 기도해 주시는 분들이 많이 계십니다.

작은 교회는 매일 전도해야 합니다. 큰 교회는 가만히 있어도 찾아오는 사람이 있지만 작은 교회는 나가서 오라고 권면하지 않으면 찾아 올 사람이 없습니다. 또한 기도가 뒷받침이 된 전도가 되어야 합니다. 전도는 영적 전쟁이기 때문입니다. 전도가 실제로 되는 것이 쉽지 않습니다. 5년째 매일 전도해도 교회에 들어오는 사람이 드뭅니다. 그래도 전도할 때 사람이 들어오는 것입니다.

광수라는 어린이 가족이 우리 교회에 2년 정도 다니고 있었는데 이번에 지방으로 내려가려고 하다가 지방에 내려가는 것을 포기하고 교회 근처로 이사 왔습니다. 광수 할머니는 새벽기도회도 오십니다.

전도 부흥회

　　2016년 3월 27일 주일 오후에 장안원교회 새 생명 구원을 위한 말씀 부흥성회를 다녀왔습니다. 그날 부흥성회에 대한 장안원교회 이재익 목사님의 글입니다.

　　"지난주일 오후에는 새 생명 구원을 위한 말씀 부흥성회 마지막 시간 이었습니다. 강사로 의정부지방 승리교회를 담임하신 이충섭 목사님 께서 섬겨주셨습니다.

　　이 목사님은 2012년 3월부터 이제까지 만 4년 이상을 하루도 빠짐없 이 날마다 교회 앞에서 전도를 하고 있는 분입니다. 교회를 부흥시켜 보겠다는 열정으로도 그렇게 오랫동안 감당할 수 있는 일이 아니기에 참으로 귀하고 존경스럽습니다. 주님의 복음이 땅 끝까지 전해져야 한다는 그의 확실한 믿음이 우리 장안원의 온 식구들에게 그대로 전 가되기를 바라는 마음으로 이 목사님을 강사로 모시게 되었습니다.

　　이 목사님은 창세기 26장 12절에서 15절 본문으로 "마침내 거부가 되어"란 제목으로 말씀을 증거 하였습니다. 이삭이 받아 누린 100배의 복을 받아 거부가 되라는 말씀이었습니다.

100배의 복은 '온전한 복', '형통하게 되는 복'을 의미하기도 한다며 열심히 기도하고, 믿음의 말을 하고, 나눔의 사람이 되면 복을 누릴 수 있게 될 것이라고 강력하게 선포하였습니다. 매우 졸릴 수 있는 오후 시간이었지만 아주 편안하고 재미있게 말씀으로 은혜를 받을 수 있어서 좋았습니다.

행복한 가정, 주님 주시는 복이 차고 넘치는 가정을 위해서는 그 집안에 기도의 사람이 꼭 있어야 합니다. 식구들의 이름을 불러 가며 매일 기도하는 사람이 있다면 그곳에 하나님의 은혜가 넘쳐나게 될 것입니다. 교회도 교회를 위하여 지속적으로 기도하는 사람이 있어야 하나님의 역사가 나타나게 됩니다.

개인도 가정도 교회도 서로의 다름(틀림이 아니라)을 인정하면서 서로를 세워주고 높여주고 인정해 주는 아름다운 말, 믿음의 말이 넘쳐나면 좋겠습니다. 부정적인 언어는 다 내어버리고 긍정적인 언어를 사용하며 서로에게 힘이 되어주면 참 좋겠습니다. 그게 바로 100배의 복을 얻어 누리는 비결입니다."

작은 교회 목사님들을 격려하는 중에 설교 초청하는 것입니다. 본인이 섬기는 교회에서 일어나는 이야기를 은혜롭게 전할 것입니

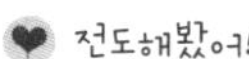

다. 큰 교회에서 부목사님이나 교육전도사님을 하였어도 교회 개척하여서 그 느끼는 봐가 많이 다를 것입니다. 받아온 강사비로 목사가 쓰는 것이 아니라 교회에 당장 필요한 것을 사는 데 사용할 것입니다. 어린이나 학생들을 위해 쓸 것입니다. 그러기에 이런 초청에는 강사비도 많이 주면 좋습니다.

이 땅에 작은 교회하는 목사님들은 하나님의 부르심을 잊지 않고 살아가기를 기도합니다. 아무리 힘들고 어려워도 하나님께 소망을 두고 살아가야 합니다. 사람이나 물질을 의지하면 망합니다. 사람을 의지하지 마세요. 물질을 의지하지 마세요. 하나님만 바라보고 하나님께 소망을 두고 기도하세요. 하나님께서 문제를 해결해 주실 것입니다.

전도 후원금 120만 원

2016년 3월 28일(월) 생명나무교회 이구영 목사님께 전화 연락이 왔습니다. 오늘 본인 교회에 와서 밥을 사라고 하였습니다. 그날 오후에 전도하고 난 후 생명나무교회로 갔습니다. 저녁때쯤에 만나 탁구를 치면서 식사를 하였습니다. "왜 밥을 사야 하는지"를 말해 주었습니다.

본인 교회에 과일 장사를 하시는 집사님이 계시는데 그것도 아시아나 항공에 과일을 대준다는 것입니다. 그리고 일산에 마트를 경영하고 있다고 하셨습니다. 그 마트에서 순수 이익금 120만 원이 나왔다는데 그 120만 원을 나에게 주라고 했다는 것입니다. 날마다 전도하는 데 귀하게 쓰라고 하면서 내 통장으로 입금해 놓았노라고 이야기해 주었습니다. 나는 그저 전도하였을 뿐인데 이렇게 하나님께서 알아주시고 격려해 주시니 감사하였습니다. 그리고 집사님께 감사의 전화와 문자를 드렸더니 답장을 주셨습니다.

"하나님이 자꾸만 감동 주셔서~~~

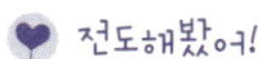

부끄럽습니다.
열정적으로 목회와 전도하시는 목사님 존경합니다.
항상 힘내세요.
응원합니다.”

목회하다가 외부에서 큰 금액이 들어오면 그 교회에서 뭔가 큰 문제를 해결해야 할 일이 있기 때문입니다. 평상시에는 괜찮은데 교회 관리비나 자동차세, 자녀들 학비 등에 큰 물질이 들어가야 할 때가 있습니다. 그러기에 남선교회나 여선교회에서 선교비를 후원하는 것은 참으로 중요한 사역입니다. 정기적으로 들어오는 선교비는 교회를 유지하는 데 사용되지만 남선교회나 여선교회에서 들어오는 비용은 교회에 특별활동 여름성경학교나 학생 수련회에 사용합니다.

선교비를 받는 것보다 선교비를 후원하는 교회가 되겠다는 생각을 가져야 합니다. 우리 교회도 선교비를 받고 있지만 선교비로 후원하는 일에도 열심히 하고 있습니다. 교회가 자립하기 위해 힘쓰고 애써야 합니다. 교회부흥은 저절로 되는 것이 아닙니다. 성도들이 교회에 오도록 영적 준비가 되어 있어야 합니다. 양떼를 돌볼 능력이 있어야 합니다. 교회에 어린이나 학생들만 있어도 돌볼 능력과 사랑이 있어야 합니다. 사람지원과 물질지원이 함께 이루어진 전도가 되어야 합니다.

말씀 순종, 은혜 충만

2016년 4월 26일(화) 어느 장례식장에 갔습니다. "즐거워하는 자와 함께 즐거워하고 우는 자들과 함께 울라"는 로마서 12장 15절 말씀으로 살기로 한 주간이었습니다. 그래서 아버님 상을 당한 사람을 위로하고 식사하며 대화를 나누었습니다.

"목사님, 어떻게 매일 전도하고 계셔요?"
"하늘의 상급이 크실 것입니다."
"목사님, 전도하는 데 사용하세요."

매일 전도하는 것이 쉬운 일이 아닌데 성실하게 꾸준히 전도하는 모습을 보며 조문을 하고 나오는데 봉투를 주셨습니다. 그분의 마음이 있기에 받아 집에 와서 확인해 보니 20만 원이었습니다. 날마다 전도한지 5년이 되었습니다. 우리는 그저 하나님의 일만 하여도 하나님이 우리의 삶을 책임져 주십니다.

목사는 하나님의 말씀에 순종해야 합니다. 하나님께서 가라고 하면 가고, 기도하라고 하면 기도하고, 용서하라고 하면 용서하면 됩니다. 목사가 하나님의 말씀에 순종하는 것을 잘해야 순종하는 성도들을 만나는 것입니다. 목사의 달란트가 어디 있든지 잘하는 것을 하면 됩니다. 할 수 없는 것도 배워서 훈련하여 잘해야 합니다. 목사가 찬양을 잘하는 것과 못하는 것에 차이가 있습니다. 기도도 설교도 마찬가지입니다. 못하면 배우고 훈련해서 잘할 수 있어야 합니다. 설교시간에 성도들의 집안일은 가능하면 말하지 않는 것이 좋습니다. 성도는 목사와 일대일 대화하는 것을 좋아하지 설교시간에 자기 가정 이야기하는 것을 좋아하지 않습니다. 목사가 할 말과 하지 말아야 할 말을 구별할 필요가 있습니다. 목사의 말실수로 교회를 떠나는 성도들이 있기 때문입니다. 목사는 목회를 잘하도록 많이 훈련해야 합니다. 언제나 사람 조심, 여자 조심, 물질 조심을 해야 합니다.

친구의 격려

2016년 4월 28일(목) 고등학교친구 김정렬 친구가 건빵 800개를 직접 주문해서 우리 교회로 가지고 왔습니다. 이 친구는 예수님을 믿지 않는 친구입니다. 친구는 건빵을 주문해서 우리 교회로 택배로 보내면 되는데 친구 목사 얼굴 한번 보겠다고 하면서 나의 전도하는 것을 격려하는 친구입니다. 더군다나 나는 선린상고 야간을 나와서 이 친구를 잘 알지 못하지만 선린 74회 주간 야간을 구분하지 않고 한 동창회를 이루어가는 과정에서 만났던 친구입니다. 한 회사의 사장인 친구가 날마다 전도하는 친구 목사를 격려해 주는 모습이 아름답습니다. 이 친구의 사업이 잘되기를 기도합니다.

매일 전도하니까 세상 친구가 전도하라고 도와줍니다. 하나님께서 매일 전도하는 것이 좋으면 친구를 통해 전도하는데 낙심하지 말고, 포기하지 말고, 전도하라고 격려하십니다. 따뜻한 격려는 기쁨으로 감사하는 마음으로 받게 됩니다.

동료 목회자들 사이에서도 비난이나 비판보다는 칭찬과 격려하는 것이 무엇보다 중요합니다. 목회를 못하고 싶어서 못하는 것이 아닙니다. 여러 가지 환경이나 형편이 되지 못해서 작은 교회를 하고 있는 것입니다. 진심으로 격려해 주는 사람이 드뭅니다. 앞에서는 괜찮다고 하면서도 뒤에서는 무시하는 표현을 듣습니다.

작은 교회에서 전도하고 있는 사람들은 하나님의 위로만 기대해야 합니다. 그러다 보면 사람들의 위로와 격려를 만납니다. 사람을 의지하여 사람의 위로를 기대하다가는 더 실망할 때가 많습니다. 초점을 하나님께 두고 열심히 전도해야 합니다.

떡집 권사님

2016년 5월 10일(주일) 오늘 우리 교회에 맛있는 떡을 가져다주신 권사님이 계십니다. 권사님은 의정부에 있는 교회에 다니시는 권사님이신데 아버님 장로님 때도 떡집을 하셨고 아들이 이어 떡집을 하시는 권사님이십니다. 권사님은 내가 전도하는 모습을 보시고 늘 격려해 주시고 힘을 주시는데 우리가 주문하지 않아도 가끔 맛있는 떡을 가져다주십니다. 그런데 권사님께서 교회의 분위기가 힘들고 어려운 상황에 있을 때 떡을 가져다 주셔서 은혜로운 분위기로 바꾸어 놓으십니다.

어버이 주일에 권사님 가정이 빠져 함께 예배드리는 성도님들이 힘을 잃기도 합니다. 작은 교회에는 사람들이 가능하면 빠지면 안됩니다. 성도들이 빠지면 목사도 힘들고 성도들도 힘들어합니다. 사람이 떡으로만 살 것이 아니요 하나님의 입으로 나온 모든 말씀으로 살 것이라 하였습니다. 그러나 육적으로는 일단 떡을 먹어야 합니다. 오늘도 점심을 맛있게 먹었습니다. 다들 배불리 식사하였어도 떡을 맛보니 너무 맛있다고 합니다. 너무 감사합니다. 하

나님께서는 전도하는 목사에게 힘을 내라고 격려하고 계시니 감사
합니다.

"하나님 아버지! 힘을 내겠습니다. 더 큰 은혜와 능력을
베풀어 주셔서 더욱더 성장하는 교회가 되기를 오늘도
기도하고 기대합니다."

토요일 목회 기도회

　우리 지방 목회자들 중에 매주 토요일 저녁 8시에 몇 명의 목사님들이 승리교회에 모여 목회 기도회를 하고 있습니다. 이 기도회를 시작한 지도 약 6년 정도 되었습니다. 처음에는 여러 목회자가 있었지만 지금은 3명의 목사님이 모여 기도합니다. 일단 모이면 찬양하고 함께 통성으로 오랜 기도를 합니다. 그리고 교회별로 기도 제목을 내놓고 합심하여 기도합니다. 약간의 간식이나 차를 마시는 시간을 갖는데 짧게 혹은 길게 목회하면서 기쁜 일이나 어려운 일들을 함께 공유하면서 이야기를 나눕니다.

　내일 주일 예배와 설교와 성도들의 은혜받을 것을 위한 것과 재정적인 것을 위해 기도합니다. 지방 행사를 앞두고 있으면 그 행사를 위해서도 기도합니다. 각 교회마다 섬기고 있는 주위에 있는 교회를 위해서 기도할 때도 있고 나라의 지도자나 교회의 지도자를 위해서도 기도를 합니다.

　현재 매주 토요일마다 모여서 기도하고 있는 목사님들이 다들 전도현장을 가지고 있습니다. 전도는 전쟁입니다. 영혼을 살릴 수도 죽일 수도 있습니다. 그러기에 전도는 사랑과 믿음으로 끝까지 해야 합니다.

디모데전서 2장 4절은 매일 전도할 때 주신 말씀입니다.

하나님은 모든 사람이 구원을 받으며 진리를 아는 데에 이르기를 원하시느니라

전도자의
미래

목사님, 최고!

주일 낮 설교 시간에 "이 세상 그 어떤 것보다 내게는 당신이 최고예요."라고 온 성도들에게 따라 해보라고 했습니다. 특별히 아내에게 다시 한 번 해 보라고 했습니다. 그랬더니 성도님들이 웃습니다. 그래도 아내는 "이 세상 그 어떤 것보다 내게는 목사님이 최고예요."라고 합니다. 나도 최고라고 하는 말을 듣고 싶어 합니다.

예배 후에 작은 아들이 나에게 와서 "목사님, 최고입니다."라고 해주어서 기분이 참 좋았습니다. 난 정말 잘하는 것이 없는 목사입니다. 사랑이 없다는 말이나 배려가 없다는 말을 듣습니다. 자기 밖에 모른다는 소리도 듣습니다. 그래도 난 열심히 전도한다고 생각하는데 여전히 전도 열매를 요구하는 것 같습니다. 성경에 나와 있는 것처럼 전도의 미련한 것으로 열매를 거두는 것이 반드시 있을 것입니다. 교회 부흥, 전도 열매 하나님이 하십니다.

예배가 끝나고 나면 성도들 중에 "오늘 설교가 좋았습니다. 최고의 설교입니다. 은혜받았습니다."라고 말해 주는 분이 있습니다. 이런 말이 목사를 격려하는 말입니다. 교회는 작아도 용기 잃지 않고 힘내서 목회하도록 도와주고 있습니다. 목사의 잘못만 지적하지 않고 잘하는 것을 살펴 격려해주는 성도가 있어 행복합니다.

문제투성이

사람들의 삶은 문제투성이입니다. 행복하기를 원하지만 행복하지 않습니다. 문제는 많은데 답은 없습니다. 왜 문제가 사라지지 않을까요? 그것은 인간에겐 인간의 힘으로 해결되지 않는 근본적 문제가 있기 때문입니다. 우리들은 물질 문제, 가정 문제, 자녀 문제, 건강 문제 등과 같은 것들이 문제라고 말합니다. 폭력 문제, 공부 문제, 정치 문제, 경제 문제 등등 사회적인 것들이 문제라고 말합니다. 그러나 성경은 그렇게 말하지 않습니다. 이것보다 근본적인 문제가 있다고 말합니다. 인생에 문제를 가져오는 뿌리와 같은 문제가 있다는 것입니다. 성경은 바로 이 부분을 말씀하고 있습니다. 문제의 근본 원인을 보라는 것입니다.

환자가 병원에 가면 진찰부터 합니다. 의사들이 환자들을 치료하기 전에 반드시 하는 것이 진찰입니다. 그냥 약을 준다든지, 검사도 하지 않고 이런저런 처방을 내리면 분명히 돌팔이일 것입니다. 의사들은 청진기를 가슴에 대보고, 등을 손으로 두드려보고, 배를 눌러보고, 피검사, 소변검사, X-RAY, C.T, M.R.I 촬영 등등을 하게 됩니다. 원인이나 이유를 알아보기 위해서입니다. 마치 성경도 인생의 문제들을 볼 때 그 원인부터 진단합니다. 인간의 가장 큰 문제, 여러 가지 삶의 문제를 가져오는 근본적인 문제가 무엇인지 성경은 말씀합니다.

1. 인간의 모든 문제는 우리를 창조하신 하나님을 떠나 있기 때문입니다.

> 태초에 하나님이 천지를 창조하시니라 땅이 혼돈하고 공허하며 흑암이 깊음 위에 있고 하나님의 영은 수면 위에 운행하시니라 _창세기 1장 1-2절

물고기는 물에 있을 때 행복한 것입니다. 사람은 하나님 안에 있을 때 행복합니다. 그렇게 창조되었기 때문입니다. 어린아이가 엄마 품을 떠나면 행복할 수 없습니다. 먹을 것이 있어도 울고, 잠잘 곳이 있어도 울며 못 견딥니다. 하나님을 떠난 사람이 그렇습니다. 돈이 있어도, 건강해도 행복하지 않습니다. 하나님을 만나야 행복합니다. 하나님을 만나는 길이 있습니다. 하나님을 떠나서 방황하는 사람들을 위해 하나님은 만나는 길을 열어주셨습니다. 하나님은 영이시기 때문에 눈에 보이지 않습니다. 그래서 하나님을 우리에게 보여주시기 위해 이 땅에 오신 분이 바로 예수님이십니다. 예수님은 몸을 입고 오신 하나님이십니다.

내가 곧 길이요 진리요 생명이니…… 나를 본 자는 아버지를 보았느니라
_요한복음 14장 6~7절

2. 인생의 가장 큰 문제는 바로 죄입니다.

모든 사람이 죄를 범하였으매 하나님의 영광에 이르지 못하더니 _로마서
3장 23절

사람의 마음속에는 미움, 분노, 비방, 음란 등등 말할 수 없는 죄가 많습니다. 문제는 이 죄가 사람들의 인격을 파괴하고, 사람들에게 고통을 가져다준다는 것입니다. 죄를 짓고 평안할 수 있을까요? 아닙니다. 사람마다 양심의 기준이 달라서 죄를 짓고 괴로워하는 사람도 있고 그렇지 않는 사람도 있지만 결국 죄는 사람들에게 문제를 가져옵니다. 죄책감, 불안, 마음의 병, 또는 육신의 질병도 옵니다. 그렇기 때문에 술이나 마약보다 더 무서운 것이 그것을 팔아서 돈 벌려는 인간의 죄입니다.

그런데 문제는 사람 스스로 죄를 해결할 수 없다는 것입니다. 죄 용서는 사람을 만드신 하나님만이 하실 수 있습니다. 죄 사함 받을 수 있는 길을 성경은 말씀하고 있습니다. 하나님이 어떻게 우리 인간들의 죄를 용서하셨습니까? 하나님의 방법은 너무 놀랍습니다. 그것은 하나님의 아들을 세상에 보내셔서, 그 아들을 대신 죽게 한 것입니다. 죄는 내가 지었는데 내가 받아야 할 죗값을 대신 예수님

이 받았다는 것입니다. 이 대속적인 죽음 때문에 사람들은 죄를 용서받게 되었습니다.

3. 사람들의 근본적인 문제는 눈에 보이지 않는 영적인 원인, 곧 마귀입니다.

그러므로 이제 그리스도 예수 안에 있는 자에게는 결코 정죄함이 없나니 이는 그리스도 예수 안에 있는 생명의 성령의 법이 죄와 사망의 법에서 너를 해방하였음이라 _로마서 8장 1-2절

성경에 보면 사람들이 하나님을 떠나자 마귀에게 잡혔다고 말합니다. 그래서 성경에서는 마귀에게 눌린 자, 공중의 권세 잡은 자를 따르는 자라고 말합니다. 마치 아이들이 부모를 떠나 가출하면, 깡패들에게 인신매매도 당하고 붙잡혀가서 고통을 당하는 것과 같습니다. 사람들이 악한 영, 마귀에게 눌려서 시달리는 것입니다. 사실 알고 보면 세상 모든 문화, 풍습, 관습 같은 것들이 대부분 귀신의 영역 안에 있는 것입니다. 예수 안 믿는 사람들이 "하나님이 어디 있냐?"라고 큰소리치지만 사실은 문제만 생기면 불안해서 견딜 수 없어 합니다. 그래서 무당을 찾아가고, 절을 찾아가고, 부적을 붙이고, 굿을 합니다. 불안을 느끼기 때문에 사람들이 그 날의 운세를 보고, 사주팔자를 보는 것입니다. 결국 하나님을 떠나고 하나님의 보호를 받지 못하고 마귀에게 당하는 것입니다.

그러나 알아야 합니다. 예수 믿는 사람은 사주팔자가 안 맞습니다. 모든 마귀의 손에서 해방되었기 때문입니다. 귀신이 사람을 행복하게 해주지 못합니다. 귀신은 사람을 속이고 망하게 하고 지옥가게 합니다. 귀신을 섬기다 문제해결이 아니라 점점 더 망하게 됩니다. 예수 믿으면 구원에 이르나 우상을 섬기면 망하는 것입니다. 주변 사람들을 잘 보십시오. 예수 믿고 4대만 지나면 축복받지 않은 가정이 별로 없습니다. 아주 엉터리로 믿지 않는 한 다 복을 받습니다.

4. 사람들의 문제는 죽음과 지옥의 심판입니다.

영접하는 자 곧 그 이름을 믿는 자들에게는 하나님의 자녀가 되는 권세를 주셨으니 _요한복음 1장 12절

자녀가 가출하여 인신매매를 당해 부모는 자녀를 찾기 위해 백방으로 노력하다가 한 달 만에 겨우 찾았습니다. 경찰들과 함께 아이를 그 지옥 같은 곳에서 건져냈습니다. 그러면 이 아이가 너무 쉽게 풀려났다고 할 수 있을까요?

"이거 너무 쉬워서 다신 안 나갈래요. 내가 한 것이 아무것도 없네요. 내 힘으로는 안 되는 대요."라고 합니다. 그러나 부모는 자녀를 위해, 얼마나 고통스러웠을까요? 우리가 예수만 믿으면 구원받는다는 것은 같은 이치입니다. 하나님이 대신 고통을 당하시고 우리들을 건져낸 것입니다. 그냥 하나님께로 돌아가기만 하면 됩니

다. 그래서 성경은 "영접하는 자 곧 그 이름을 믿는 자들에게는 하나님의 자녀가 되는 권세를 주셨으니"라고 말씀합니다.

어떻게 예수님을 영접할 수 있을까요? 예수님을 구원자로 인정하고 마음에 받아들이면 됩니다. 마치 손님이 와서 벨을 누를 때, 문을 열고 "들어오세요."라고 맞이하듯이 그렇게 예수님을 자신의 인생의 주인으로 받아들이면 됩니다. 그리고 그 예수님을 삶의 주인으로 삼고 그분을 따라 살기로 결단하면 됩니다. 예수님은 지금도 우리들의 마음에 문을 두드리고 계십니다.

"하나님! 저는 죄인입니다. 저의 죄 때문에 십자가에 못 박혀 죽으시고 다시 사신 예수님의 피로 저의 죄가 용서받고 천국 갈 것을 확실히 믿습니다. 예수님 저의 마음 속에 들어와 주세요. 예수님의 이름으로 기도드립니다. 아멘"

온전한 복음

하나님이 세상을 이처럼 사랑하사 독생자를 주셨으니 이는 저를 믿는 자마다 멸망치 않고 영생을 얻게 하려 하심이니라 _요한복음 3장 16절

예수님께서 우리의 죄와 허물을 위하여 십자가를 지시고 "다 이루었다"(요한복음 19:30) 말씀하시고 3일 만에 죽음을 이기시고 부활하셨습니다. 우리는 예수님을 믿으면 천국의 행복이 내 삶에 나타납니다.

예수님을 믿으니
죄에서 해방되어 의인이 되었습니다.
목마름에서 해방되어 성령 충만하게 되었습니다.
질병에서 해방되어 건강하게 되었습니다.
가난에서 해방되어 부요하게 되었습니다.
어리석음에서 해방되어 지혜롭게 되었습니다.
징계에서 해방되어 평화롭게 되었습니다.
죽음에서 해방되어 영원한 생명을 얻게 되었습니다.

예수님을 믿는 것에서 가장 중요한 것이 믿음입니다. "바라는 것이 이루어졌습니다."라고 믿음으로 기도하는 것입니다. "무엇을 바랍니다."라고 소망으로 기도하는 것이 아닙니다. 하나님께서 우리에게 요구하는 것은 처음부터 끝까지 믿음을 요구하십니다.

"네 믿음이 너를 구원하였느니라"
"네 믿음대로 될찌니라"
"네 소원대로 되니라 "

예수님은 우리에게 믿음대로 된다고 말씀하십니다. 하나님이 주시는 것은 다 믿음으로 받으면 되는 것입니다. 그러기에 무슨 일이든지 믿음이 필요합니다. 믿음이 없으면 아무것도 안 됩니다. 믿음이 있으면 다 됩니다.

꿈과 소원 목록이 그대로 됩니다

1. 되고 싶은 모습 열 가지

"이루기를 소망하면 그대로 자아의 모습이 이루어진다."

1) 승리교회 담임목사로 사랑 많은 목사가 되었습니다.

2) 승리교회 담임목사로 설교 잘하는 목사가 되었습니다.

3) 승리교회 담임목사로 전도 열매가 많은 목사가 되었습니다.

4) 승리교회 담임목사로 뜨겁게 기도하며 감사하는 목사가 되었습니다.

5) 승리교회 담임목사로 책 저술이 10권이 있는 목사가 되었습니다.

6) 의정부지방 지도자가 되었습니다.

7) 작은 교회를 돕는 교회가 되었습니다.

8) 아프리카 미챌스 프래인 교회가 세워졌습니다.

9) 세계선교와 선교여행하는 목사가 되었습니다.

10) 은규, 진규가 나를 이어 훌륭한 목사님이 되었습니다.

2. 하고 싶은 일 열 가지

"거대한 꿈과 소원만 있으면 어떻게든 그 길은 나타나게 마련이다."

1) 매일 전도하는 목사가 되었습니다.

2) 매일 성경 말씀을 읽는 목사가 되었습니다.

3) 사람들을 만나는 것을 좋아하는 목사가 되었습니다.

4) 매일 뜨겁게 기도하는 목사가 되었습니다.

5) 기도하는 것이 응답되었습니다.

6) 책을 읽는 목사가 되었습니다.

7) 찬양을 잘하는 목사가 되었습니다.

8) 항상 기뻐하고 매순간마다 감사하면서 사는 목사가 되었습니다.

9) 승리교회가 대부흥하는 교회가 되었습니다.

10) 승리교회에 일할 수 있는 성도들이 많아졌습니다.

3. 배우고 싶은 것 열 가지

"내가 진정으로 원하는 일을 하라. 돈이 얼마가 들든지, 시간이 얼마가 걸리든지, 아무것도 상관치 말고 진정으로 내가 원하는 일을 하라. 그것이 참된 행복이다."

1) 피아노를 배웠다.

2) 기타를 배웠다.

3) 드럼을 배웠다.

4) 상담을 배웠다.

5) 컴퓨터 수리를 배웠다.

6) 설교 잘하는 것을 배웠다.

7) 사랑하는 것을 배웠다.

8) 건축하는 일을 배웠다.

9) 글 잘 쓰는 것을 배웠다.

10) 칭찬하는 것을 배웠다.

매일 기도

*** 큰 소리로 외치면서 기도하기 바랍니다

자신의 영혼을 향한 기도 – 손을 머리에 얹고
하늘과 땅의 모든 권세를 가진 예수의 이름으로 명하노니
내 영혼아 깰지어다!
너는 하나님께 소망을 둘지어다!
강하고 담대하라!
너는 창대하고 왕성하여 마침내 거부가 될지어다!

자신의 몸을 향한 기도 – 손을 가슴에 대고
모든 질병을 고치시는 예수의 이름으로 명하노니
모든 병은 떠나가고
오장육부는 건강할지어다!
피곤은 사라지고 새 힘이 넘칠지어다!
내 몸속에 각종 나쁜 병균은 즉시 죽고
건강하고 행복할지어다!

뇌를 향한 기도 – 머리에 손을 얹고

지혜를 후히 주시는 예수의 이름으로 명하노니

내 정신은 맑아지고 잡생각은 사라질지어다!

150억 개의 뇌세포는 최대한의 기능을 발휘하며 돌아갈지어다!

기억력과 집중력이 생겨나고 지혜와 총명이 넘쳐날지어다!

놀라운 아이디어가 계속 생겨날지어다!

재정권을 차지하는 기도 – 믿음으로 선포

모든 만물의 주인이신 예수의 이름으로 명하노니

믿음으로 잘되는 사람이 될지어다!

재정이 넉넉하여 풍성하게 될지어다!

나는 하나님이 기뻐하는 사람 – 오른손 주먹을 쥐고 외치면서

나는 복 받은 사람이다. 나는 행복한 사람이다.

나는 건강한 사람이다. 나는 전도하는 사람이다.

나는 기도의 사람이다. 나는 성령의 사람이다.

나는 형통한 사람이다. 나는 주는 사람이다.

예수님의 이름으로 기도하옵나이다. 아 – 멘

우리 교회에 처음에 오는 성도들에게 매일 기도하라고 권합니다. 처음에 오는 성도들은 기도할 줄 모르기 때문입니다. 카톡에다 이 기도문을 녹음해서 준 적도 있습니다. 이 기도문을 읽는 사람들

마다 힘이 난다고 말합니다. 매일 기도하면서 하루를 신나게 살아
가는 사람이 있습니다. 매일 전도하는 것처럼 매일 기도하는 것도
중요합니다.

담임목사님을 위한 기도

하나님!

우리 목사님 설교하실 때 입술에 권세를 주사

생명의 말씀을 선포하게 하시고

기도할 때 귀신을 쫓아내며 병든 자를 고치게 하옵시고

전도할 때 수많은 영혼들을 주님께로 인도하게 하옵소서.

예수님!

성도 한 사람 한 사람을 천하보다 귀하게 여기게 하시고

시험든 성도가 있거든 한 마리 잃어버린 양을 찾는 예수님처럼

그 영혼을 위하여 눈물로 기도하며 사랑으로 권면하는

목사님이 되게 하옵소서.

성령님!

목회사역을 왕성하게 할 수 있도록

영력, 지력, 체력을 더하여 주시고

동역자와 섬김이를 붙여주시고

순종하는 제자들이 많게 하여 주옵소서.

하나님!
세계교회와 주의 종들을 섬기고자 하는 비전을 주셨으니
그 비전이 꼭 이루어지게 하옵소서.

예수님의 이름으로 기도 하옵나이다. 아멘

역시 교회에 처음 오는 사람들이 담임목사를 위해 어떻게 기도해야 할지 모르기 때문에 기도문을 제시하는 것입니다. 이 기도문을 매일같이 하는 성도님들은 담임목사님을 위해 훌륭한 기도를 하고 있는 것입니다.

목사는 성도님을 위해 기도하고, 성도들은 목사님을 위해 기도하는 아름다운 관계입니다. 사랑으로 하나 되고, 기도로 하나 되고, 사명으로 하나 되는 것이 중요합니다. 성령은 교회가 하나 되기를 원하십니다. 마귀는 교회를 파괴하려고 합니다. 그러기에 우리는 성령으로 기도해야 합니다. 하나님의 말씀으로 무장해야 합니다.

매일 전도의 응원 메시지

 매일 전도하는 것은 너무너무 소중합니다. 전도지 한 장으로 마약중독자에서 예수님을 영접하고 버지니아 주에 있는 만 명이 모이는 교회 담임목사님이 되신 론 솔로몬 목사님이 계십니다. 씨를 뿌리는 일이기에 당장 열매가 보이지 않아도 계속되는 매일의 전도가 소중한 일입니다. 결과에 얽매이지 않고 하는 전도는 너무 귀한 일입니다. 한 사람의 인생을 바꾸는 일입니다. (이혁훈 목사)

 이 시대 목사들의 대부분은 전도에 가위눌려 있습니다. 그런데 이충섭 목사님은 그런 많은 목사들을 부끄럽게 만듭니다. 수평이동을 당연하게 받아들이고, 이웃교회의 분열로 늘어나는 성도들을 기뻐하는 시대를 보실 주님의 아파하는 마음이 안타깝습니다. 그래서 이충섭 목사님의 전도는 그나마 남아 있는 주님의 자존심이고 한국 교회의 자존심입니다. (진영훈 목사)

이충섭 목사님의 전도 이야기를 읽으면서 나도 매일 전도해야지 생각은 하지만 사실 실천은 어렵습니다. 그래서 이 목사님은 참 귀한 분입니다. 그렇지만 전도하다가 지치고 바빠서 빼먹다가도 다시 도전을 받아 전도하러 나가도록 계속 도전을 주시니 참 감사합니다. (최광희 목사)

이 목사가 매일매일 길에서 전도하는 내용을 페이스북을 통해서 매일 접하다보니 나도 전도하는 현장에 있는 느낌이 듭니다. 나는 종교가 없는 사람이지만 이 목사가 존경스럽고 자랑스럽습니다. 책 잘 만드시고 승리교회도 나날이 번성하길 진심으로 바랍니다. 파이팅! (김예연 고등학교 친구)

축하드립니다. 말씀이 가슴으로 와서 감동을 받고 매일 날마다 손과 발과 입을 통해 흐르게 한다는 것은 아름다운 사역입니다. 그러나 다른 사람이 아닌 내가 한다고 하는 것은 위대한 헌신이 있어야 합니다. 나 혼자라도 행함으로 하나님을 감동시키는 성도가 필요합니다. 「전도해봤어!」를 통해 하나님을 기쁘게 사람을 행복하게 하는 아름다운 역사가 일어나길 기도합니다. (이윤호 목사)

주님이 이충섭 목사님을 바라보시며 얼마나 기뻐하실까요. 매일 쉬지

않으시고 전도하시는 목사님을 주님의 이름으로 축복합니다. 샬롬~ (전
은혜 선교사)

 이충섭 목사를 처음 본 것은 오래 전 부산에서입니다. 초등학교 선배인
H 목사님의 강권으로 부산의 어느 교회에서 하고 있는 '두날개 전도법'
세미나에 참석한 자리였습니다. 그 자리에는 교파를 초월하여 수천 명의
목사들이 모였고 유명한 대형교회 목사들의 얼굴도 보였습니다. H 목사
님의 강권으로 참석한 세미나였지만 저는 거기에 녹아들 수 없었습니다.
거기 모인 이들이 모두 '교인 끌어 모으기'에 혈안이 된 사람들처럼 보였
기 때문에 더 그랬는지도 모릅니다.

 어느 젊은 목사가 나를 알아보고 인사를 했습니다. 저에게 자기가 감신
대 후배이며 의정부에서 목회하고 있으며 '두날개 세미나'에 빠짐없이
참여하고 있고 교회에서 '두날개 전도프로그램'을 적용하여 열심히 전
도한다고 하였습니다. 어쨌든 거기 모인 사람들에 대하여 좋지 않은 시
각을 가지고 있던 터라, 저에게 인사를 한 이충섭 목사에 대해서도 '그저
교인 끌어 모으기에 혈안이 된 목사 중의 하나'라는 생각을 하였습니다.

 그리고 몇 년이 흐른 2년 전, 이충섭 목사를 페이스북에서 만났습니다.
컴맹에 가까운 제가 페이스북을 열심히 하게 된 것은, 2년 전 세월호 참
사 때문이었습니다. 착하고 명랑하고 항상 엄마 아빠에게 웃음을 주던
우리 교회 학생회장 예은이가 세월호에서 희생되었습니다. '내가 그 아

이를 위해 할 수 있는 일이 뭐가 없을까!'하며 시작한 것 중의 하나가 페이스북에서 글쓰기입니다. 매일 페이스북을 들여다보며 세월호와 관련한 글을 쓰기도 하고 세월호와 관련한 글에 댓글을 달기도 하였습니다.

이때 이충섭 목사도 열심히 페이스북에 글을 쓰고 있었습니다. 거의 모두가 전도에 관한 글이었습니다. '오늘은 어디에서 어떻게 전도하였다.'는 글이었습니다. 처음에는 관심이 없다가 그의 글을 하나둘씩 들여다보기 시작했습니다. 그러다가 알게 된 것은 전도를 가장한 '교인 끌어 모으기'에 혈안이 된 목사는 아니라는 것입니다. 오직 예수의 복음을 전하는 것을 목표로 하는 진정한 전도자라는 것을 알게 되었습니다.

2015년 부활절 새벽에 감리교 안산지방 교회들이 세월호 안산합동분향소 예배실 앞에서 '부활절 새벽예배'를 드렸습니다. 한 사람이라도 더 참석하기를 바라며 페이스북에 글을 올렸더니 이충섭 목사가 "부활절새벽예배를 준비하는 데 사용해 달라"며 헌금 10만 원을 보내왔습니다. 그가 매일 전도에 관한 글만 쓰는 것을 보고 '세월호와 같은 사회적 문제에는 관심이 없나보다!' 하는 생각을 하다가 깜짝 놀랐습니다.

보통 보수적인 목사들, 또는 전도를 열심히 한다거나 목 쉬어가면서 열심히 목회하는 사람들 중에 사회적 문제에 관심을 가지는 사람은 많지 않은 것 같습니다. 그래서 저도 이충섭 목사도 그저 전도에만 관심 있는 '나랑은 좀 다른 목사' 정도로 생각했었습니다. 그런데 글로는 나타내지 않았지만 세월호 사건을 가슴 아파하고 작은 실천이라도 하려고 하는 목사라는 것을 알고 감사했습니다. 더구나 재정도 넉넉지 않은 작은 교회 목사가 성금을 보내오니 더욱 감사한 일이었습니다.

 전도는 말 그대로 그리스도의 도를 전하는 것입니다. 그런데 요즘 우리나라에서는 전도라는 말이 왜곡되어 있습니다. 사람들을 끌어들여 자기 교회 채우기가 아니라, 그리스도의 도(예수의 십자가와 부활)를 전하여 그들도 그리스도를 따르는 제자가 되도록 돕는 것이 전도입니다. 그런 면에서 이충섭 목사님의 전도활동을 존경스런 눈으로 바라보며 결실을 많이 맺기를 기도합니다. (박인환 목사)

 목사님의 전도사역은 믿음의 본질을 보여주는 사역이라고 생각합니다. 하나님을 기쁘시게 하는 믿음이 하나님이 살아계심과 자기를 찾는 자들에게 상주시는 이심을 믿는 것이라고 하였는데, 전도사역은 이와 같은 내용을 삶으로 실천적으로 드러내는 것이라고 생각합니다. 목사님께서 늘 한결같은 모습으로 하나님 앞에서 복음을 전하시는 모습이 사역자로서는 도전이 되고, 하나님을 믿는 사람으로서는 믿음의 본이 됩니다. 늘 감사한 마음입니다. 앞으로도 같은 모습으로 복된 소식을 전하는 일에 매진해주시길 기대하고, 기도합니다. (강학성 목사)

 목사가 매일 전도해야 하는 것은 당연한 것이지만 전도는 커녕 불신자에게 복음 한번 제대로 전하는 목사가 많지 않다는 통계가 있습니다. 그

럼에 있어서 이충섭 목사님은 하루도 쉬지 않고 전도지와 빵과 간식을 들고 매일 길거리로 나가 전도하는 진정한 복음 전도자입니다. 지금 당장 열매가 보이지 않아도 계속 씨를 뿌리고 눈물로 심습니다. 영혼을 사랑하지 않고서는 할 수 없는 일을 목사님은 묵묵히 해내고 있기에 성도들에게 뿐만 아니라 목회자들에게도 도전을 줍니다.

이충섭 목사님은 처음 SNS를 통해 알게 되었습니다. SNS를 통해 복음의 열정, 구령의 열정이 느껴집니다. 가만히 있어도 사람이 들어오는 대형 교회가 아닌 전도해도 안 들어오는 작은 교회들에게 희망의 메시지를 전달해 주는 이 목사님이 계시니 다시 용기를 내어봅니다. (무익한 종 장용성 목사)

내 안에, 뜨겁게 타오르는 쉬지 않는 열정
나는 오늘도 변함없이 밖으로 나간다.
그대가 보고 싶어 하는 그들을 만나기 위해서…

오, 주님~
사랑하는 이충섭 목사님에게 날마다,
지치지 않는 열정을 주셔서 감사합니다.
주님이십니다.
주께서 우리와 함께하시니,
이 황홀한 시간에 우리는 멈출 수 없습니다.

물동이를 버려두고 미친 사람처럼 마을로 뛰어 내려가 "내가 만난 이 사람을 와서 보라!"(요한복음 4장 29절)고 외쳤던 그 여인처럼 우리들은 그렇게 외칠 수밖에 없었습니다. 길거리에 사람이 없어도 괜찮습니다. 들을 자에게 전할 것입니다. 그들의 환한 미소가 주님을 찬미합니다.

주님이십니다. 주님이 하신 것입니다.
찬송 받으시기에 합당하신 주님이시여~
이충섭 목사님에게 더욱 기름 부으소서.

"많은 사람을 옳은 대로 돌아오게 한 자는 별과 같이 영원토록 빛나리라!" 그러나 몇 명을 교회로 데리고 왔느냐, 그것은 이제 중요하지 않습니다. 이미 우리들을 복음의 열정으로 나가서 전하지 않으면 안 될 자로 만드셨사오니 주께서 우리 안에 영원히 빛나는 별입니다. 모든 별 중에서 가장 찬란히 빛나는 그 별 옆에서 이제 우리도 조용히 빛나는 작은 별이 되게 하옵소서. (십자가의 전사 김진구 목사)

목사님, 책제목이 도전이 됩니다. 저는 부목사 때 태신자 운동으로 교회를 부흥시킨 것 때문에 15년 전부터 전도 강사로 활동했었습니다. 나름 전도에 대해서는 생각과 방법을 알고 있습니다. 그래서 8년 전 개척을 하면서 태신자 운동을 중심으로 교회를 성장시키는 것이 가능하다는 것을 실천해 보고 싶어서 인천지역에서 성도 두 가정과 함께 교회를 개척했습니다. 그래서 그런지 지금도 전도에 대해서 관심이 많아 전도하시는 분을 보면 늘 존경하고 배우고 있습니다.

 목사님의 전도의 열정을 배우고 또 존경하고 있습니다. 특히 목사님의 전도를 보면서 결실문제로 힘들어 하시는 목사님의 글을 쓴 것을 보기도 했는데 그래도 꾸준하게 전도하시는 모습에서 감동을 받았습니다. 한편으로는 '좀 더 효과적인 방법이 있지 않을까!'생각한 적이 있었습니다. "이렇게 열심을 다하시는데 교회가 숫자적으로 부흥하지 못할까!" 걱정하시는 목사님의 글을 읽기도 했습니다. 그런 상황에 결과를 들먹이며 이말 저말 들으시는 데도 꾸준하게 전도하시는 모습을 보며 목사님은 정말 진심으로 전도하시는 분이라는 생각을 갖게 되었습니다. 목사님을 사랑합니다. 일단 전도의 효과성을 떠나서 전도는 해야 하는 것입니다. 하나님은 이렇게 전도하는 자를 기뻐하시기 때문입니다.

 솔직히 저는 목사님이 "전도해봤어!" 라고 말할 때 당당하게 했다고 말할 수는 있지만 그 말 속에 담겨진 전도를 지금도 계속하고 있냐고 묻는다면 할 말이 없어집니다. 목사님 멋지십니다. 늘 목사님의 글을 보면서 도전을 받습니다. 분명 멋진 주님의 계획이 이루어지길 기대하며 기도합니다. 책 나오면 꼭 구입하겠습니다. (박창홍 목사)

이충섭 목사님께서 쉬지 않고 전도하시는 모습은 큰 도전이 됩니다. 또한 열매가 없는 것 같아도 "하나님께서 기뻐하시는 일"이라는 고백은 꼭 닮고 싶은 모습입니다. 반드시 뿌려진 씨앗에서 열매가 맺혀지게 될 것

입니다. 그 일을 하나님께서 하실 것입니다. 전도하시는 삶을 축복합니다. (최항재 목사)

웨슬리는 복음의 전도자로 살았습니다. 웨슬리를 따르는 감리교인은 복음의 전도자입니다. 복음의 전도자가 아니면 감리교인이 아닙니다.

이 시대를 사는 진정한 감리교인 이충섭 목사님의 「전도해봤어!」라는 저서가 나왔습니다. 이 책은 그가 누구인지, 그가 얼마나 우리의 자랑이 되는지, 감리교인은 어떻게 살아야 하는지 용기와 지혜를 배우게 합니다. 이 책을 통해 이 땅의 교회가 주님 오시는 그 날까지 지속가능한 부흥의 역사로 이어지기를 기대합니다. 사랑하고 축복합니다. (조경열 목사님)

이충섭 목사님, 선배님이 복음에 참된 전달자가 아니신가 싶습니다. 한결 같은 어린이 사랑으로 "어린이 부흥회"를 해 내려오는 열정이 대단하십니다. 의정부에서 교회개척성장을 일구시고 지금까지 계속 쭉 전도하시는 목사님을 존경합니다. 축복합니다. 감사합니다. 출판도 축하드립니다. (최믿음 목사)

목회를 시작하면서 모든 목회자가 가지게 되는 것은 교회부흥에 대한 기대와 염려입니다. 전도는 예수님의 사명이고 그것을 실천한다는 것은 말만큼 쉽지 않은 것을 봅니다. 승리교회는 저의 교회 옆에 있는 교회이고 그 앞에서 수년째 전도하고 계시는 이충섭 목사님을 뵐 때마다 저를 참 주눅 들게 하십니다.

어떤 일이든지 잠시 하는 것은 누구나 할 수 있지만 꾸준히 오랫동안 한다는 것은 아무나 할 수 있는 일이 아닙니다. 이충섭 목사님의 전도에 대한 열정과 열심은 늘 보는 이로 하여금 복음에 대한 열정을 불러일으킵니다. 이러한 선배 목사님이 옆에 계시다는 것이 든든하고 귀감이 되며 자랑스럽습니다. 계속 건강히 이 사명 잘 감당하시길 축복합니다. (이현권 목사)

전도에 관한 책을 쓴 분들이 많습니다. 그러나 본인이 직접 전도지를 들고 복음을 전하며 글을 쓴 분은 흔하지 않습니다. 전도 프로그램이나 이벤트를 운영하면서 쓴 글들이 대부분입니다. 그 글들은 전도 이야기라기보다 전도에 관한 정보입니다.

이충섭 목사님은 다릅니다. 목사님은 전도 이야기를 직접 몸으로 쓰시는 분입니다. 추위와 더위를 견디며 비가 오나 눈이 오나 과거가 아닌 현재의 이야기로 써 내려가고 있습니다. 또한 대부분의 전도가 교회부흥이나 결실을 목표로 삼고 있지만 이충섭 목사님은 다릅니다. 목사님의 전도는 예수님에 대한 순전한 사랑과 주님의 명령에 대한 순수한 순종에서 비롯됩니다. 성과보다 동기가, 목적보다 마음이 더 중요함을 보여주는 분입니다. 그래서 순수합니다. 이충섭 목사님의 전도는 길거리 전도입니다. 그는 매일 길거리로 나갑니다. 편안한 사무실에서 기다리거나 고상한 말로 상담하는 방법이 아닙니다. 사도행전의 사도들처럼 거리에서 사람들을 만납니다. 그래서 더욱 생생합니다.

영혼에 대한 순전한 사랑이 시들어 가고 있는 이때에 이충섭 목사님의 전도 이야기는 귀한 깨달음을 줍니다. 목사님의 전도의 열정이 한국 교회 성도들로 하여금 각자의 전도 이야기를 오늘의 삶에 현장에서 만들어 가도록 이끄는 힘이 될 것입니다. (박창수 목사)

건빵 전도 이충섭 목사님!
그는 매일 전도하는 전도목사님이십니다. 많은 목사들이 양은 양이 낳아야 한다고 목자는 양을 낳는 게 아니라고 하고 있지만 이충섭 목사님은 오늘도 건빵을 들고 거리로 나가십니다. (주영진 장로)

이 목사님은 끊임없이 성장하시는 분입니다. 사람이 나이를 먹으면 마음이 굳거나, 열정이 식게 되어 무엇을 받아들이기 쉽지 않고, 도전하는 것도 쉽지 않게 됩니다. 그런데 제가 보는 이 목사님은 항상 노력하고, 목사직과 목회사역을 하나님이 부여하신 천직과 사명으로 여기며 최선을 다하시는 모습이 존경스럽습니다. 아무쪼록 훗날 이 목사님의 전도가 계기가 되어 예수님을 믿게 되었다는 많은 사람들의 간증이 오대양 육대

주에서 들려지기를 소망합니다. 지금까지 전도하신 것도 정말 놀라운 헌신이며, 앞으로도 하나님이 주시는 권능으로 전도의 사명을 끝까지 감당하시길 기도하겠습니다. (오광석 목사)

이 목사님의 전도하는 소식을 늘 들으면서 '참 주님이 기뻐하시는 전도자다.'하는 생각을 합니다. 너무 순수합니다. 전도를 받는 사람 입장에서 볼 때 거부감이나 부담이 전혀 없을 것 같습니다. 그래서 전도지도 잘 받을 것 같습니다. 그리고 따뜻하고 정겨움을 느낄 것 같아 교회도 가보고 싶은 마음이 들 것 같습니다. 이런 교회가 진짜 부흥되었으면 좋겠습니다. 예수님이 그 교회에는 꼭 계실 것 같습니다. 작지만 큰 교회가 바로 이런 교회라 봅니다. (신만교 목사)

「전도해봤어!」 책을 발간함에 축하를 드립니다. 전도는 쉽고도 어렵다고 합니다. 전도는 주님의 지상명령이요, 주님의 자녀라면 영혼구원의 열정을 가지고 삶의 현장에서 주님의 자녀로서의 역할을 잘 감당해야 할 부분입니다. 전도의 은사를 받은 특정한 사람만 전도하는 것으로 생각하는데 누구든지 복음의 열정이 있으면 가능하다는 본보기가 이충섭 목사님이 아닌가 여겨집니다.

비가 오나 눈이오나 변함없는 성실함과 열정이 대단한 분입니다. 끈질기게 성실하고 진실되게 사랑으로 열정으로 전도하는 모습이 너무 행복하고 순수해 보입니다. 이 성실함에 감동받은 분들이 빵과 전도 물품을 후원해주셔서 감사드리고 이 열정과 사례가 책을 통해 읽는 분들도 이 목사님처럼 전도의 동력을 이끌어 가시길 소망합니다. 화이팅! (현교웅 목사)

사랑하고 존경하는 목사님!

우선 책을 출간하게 되신다니 축하를 드립니다. 책이 출간되는 것보다 더 중요한 것은 그 책을 통해서 목사님이 감당하시는 귀한 사역들을 귀하게 여기고 목사님처럼 전도의 사역에 더 많은 사람들이 함께 동참하도록 돕는 귀한 도구로 사용되는 것이라고 생각합니다. 제가 감히 주님의 충성된 사자에게 어떤 권유나 격려나 또 다른 말씀을 드릴 수 있겠습니까?

목사님께서 하나님 앞에 한 영혼이라도 더 구하기 위해 어떠한 상황 속에서도 포기하지 않고 귀한 사명을 충성스럽게 감당하시는 것을 볼 때마다 하나님 앞에 감사와 찬양을 돌릴 뿐입니다. 하나님을 향한 충성스런 그 마음과 순종은 주인 되신 하나님의 마음을 시원케 해드리고 있다고 믿습니다. 끝까지 승리하시기를 기도하며 응원합니다. (장창규 목사)

동창들 모임과 관련해서 이 목사님을 찾아 간 게 벌써 일 년이 다 되었습니다.

"의정부 어디라고 ~?"
"아~ 거기 !"

졸업하고 삼십여 년 만에 만난 친구가 목사가 되었습니다. '세상 온갖 죄를 다 짓고 사는 나는 친구 목사의 면전에서 어찌 표정 관리가 될까!' 하는 생각으로 계단을 오르는 내내 마음과 몸이 천근만근이 되었습니다. 간간히 핸드폰 속에 들어 있는 사진으로만 보아 왔던 목사 친구가 정작 만나 보니, 내 마음속에 "목사님"이라는 모습은 온데간데없고, 그저 동네 아제의 모습입니다.

'반가움의 수다가 한 시간쯤 지났을까!' 내가 친구와 수다를 떨고 있는 게 아니라 살아 계신 예수님과 이야기를 하고 있었습니다. 호화스럽던 나의 수다는 점점 마음속 깊이 숨겨 놓았던 죄들을 스물스물 올라오게 하고 있음을 느낄 수 있었습니다. 친구 목사님을 만난 후 일주일이나 지나서야 정신을 차렸나 봅니다. 내가 친구를 만났고, 그 친구가 "목사님"이었으며, 내가 예수님과 마주했었다는 사실을 알게 되었습니다.

경제적으로 쉬워 보이지 않는 "승리교회" 예배당의 모습이지만 목사님의 예수 사랑과 하나님의 자식들에 대한 애정이 어찌 이리도 깊을 수 있을지! 교회의 재정이 어려워서 전도할 때 좋은 것을 줄 수 없어서 건빵을 하나씩 나눠 주고 있다고 하면서, 내게도 건빵 두 봉지를 내놓는 목사님의 미소가 어찌 이리도 밝은지!

나는 성경을 완독해 보지 못했습니다. 교회를 나가지도 않고 있습니다. 그저 하루하루 삶의 굴곡에서 헤어나지 못하며 살고 있습니다. 친구 목사님께서 말씀하십니다.

"네게 마음의 평화가 오는 날이 올 것이다.
하나님께 감사해라~!"

맞다! 나는 이충섭 목사 친구를 생각하면 마음의 평화가 옵니다. 그는 내 마음속의 천사가 되었습니다. (김정열 고등학교친구)

너무도 귀하고 사랑하는 목사님! 「전도해봤어!」 책을 쓰신다니 목사님이 자랑스럽습니다. 매일 같이 한 곳에서 아버지의 파수꾼으로 영혼들에게 나팔을 불어주시고 계셔서 감사합니다. 어느 누구나 다 할 수 있는 전도가 아닙니다. 그러하기에 목사님이 너무 귀합니다. 때론 그 아버지의 때가 언제 도래할지, 언제쯤 영혼들이 하나님 아버지께 돌이키게 될지 알 순 없지만 언젠간 그들이 아버지께로 돌아와 목사님과 그 아름다운 전도하는 자리에 동참하게 될 날을 기대하고 축복합니다. 세상이 갈수록 복음에 귀를 닫고 눈을 감아도 아버지께서 찾으시는 한 영혼 때문에 목사님이 그곳에 눈물로 씨를 뿌리는 것이라 생각합니다. 할렐루야! 이미 수 없이 많은 열매들을 주셨음을 믿습니다. 목사님 파이팅! (김문희 전도사)

샬롬! 이 목사가 매일 전도하는 것을 보고 전도에 대해 새로운 시각을 갖게 되었습니다.

첫째로, 씨를 뿌리는 것은 우리의 몫이고 거두게 하는 것은 하나님의 몫이기에 수확과는 상관없이 매일 복음을 전하는 것 같습니다.

둘째로, 전도는 사람의 지혜가 아니라 하나님의 지혜에 있음을 보여줍니다. 천하보다 귀한 영혼을 사랑하는 마음으로 복음을 전하는 것이 어떻게 열매로 맺는지를 보여주기 때문입니다.

셋째로, 전도를 통해 하나님의 나라는 말에 있지 않고 능력에 있다는 것을 보여줍니다. 거리에 나가서 전하는 것과 골방에서 기도하는 일에 힘쓰는 모습을 통해 성령의 도우심을 봅니다. (오영동 목사)

하루도 빠짐없이 전도하는 분이 있습니다. 이것만으로도 이미 이분은 예수님의 제자입니다. (손병훈 목사)

개인적으로 이충섭 목사님의 페이스북에 자주 들리는 편입니다. 아마 다른 곳에 비해 제일 관심을 가지고 시간이 허락할 때마다 방문하는 인터넷 공간입니다. 이유는 간단합니다. 이충섭 목사님의 전도활동을 보고 싶어서입니다. 이충섭 목사님이 누군지 정확히 모릅니다. 다만 페이스북을 통해서 만났을 뿐입니다. 아니 2년 전쯤 초청받았던 수련회에서 딱 한

번 뵌 적이 있습니다. 그동안 페이스북을 통해서만 알아왔지만 고맙게도 알아봐 주셨고, 나 또한 어색하지 않게 목사님을 알아볼 수 있었습니다.

 페이스북을 통해서 접하는 이충섭 목사님의 전도활동은 사실 신학대학에서 가르치는 내 자신에 대한 거울과 같습니다. 그 거울을 보면서 가르치는 학생들의 미래에 하나님의 사역자들에 대한 희망을 읽어내고, 그들이 가져야 할 열정을 배우도록 합니다. 그 거울은 내 모습을 비춰보는 것이 아닙니다. 그 거울 속에서는 닮아가야 할 모습을 보여 줍니다. 그리고 그것을 학생들에게 가르칩니다.

"전도가 안되는 게 아니다. 전도를 안 하는 것이다. 미리 한국 교회의 미래를 재단하지 말자. 그런 소문에도 현혹되지 말자. 실제적으로 그런 현상이나 통계에도 넘어지지 말자. 좁은 길로 가는 사람들이 많이 있다. 한 영혼을 전도하기 위해서 거리로 나서는 분들이 있다. 그분들에게 배워라!"

 이충섭 목사님의 열정과 한결같음은 나에게도 그리고 내가 가르치는 학생들에게도 좋은 교재입니다. 복음을 들고 사람들을 만나는 것이 마치 부끄러운 것처럼 느껴지는 시대에 이충섭 목사님은 나에게 그리고 사역의 후배들에게 진짜 부끄러운 것이 무엇인지를 몸소 깨닫게 해주시는 분이십니다. 이충섭 목사님의 사역을 축복하며, 그 사역을 통해 배우게 되는 많은 사람들이 있음을 꼭 말씀드리고 싶어서 이 글을 씁니다. (전창희 목사)

이충섭 목사님은 많은 신앙인들이 알고 있는 것처럼, 매일 노방전도하는 목사님입니다. 매일 전도는 말처럼 그리 쉬운 일이 아님을 전도를 해 본 신앙인이라면 누구나 알고 있습니다. 매일 전도한 이야기를 이번에 책으로 출판하는 소식을 접하고 너무나 감사하고 기뻤습니다. 직접 발로 뛰며 전도한 이충섭 목사님의 이야기는 많은 신앙인들에게 도전이 될 것이고 귀한 자료가 될 것입니다. (장준순 목사)

복음에 사로잡힌 광인(光人) 이충섭 목사님의 말대로 목사님을 아주 많이 사랑합니다. 특히 매일 삶의 현장에서 복음으로 살아내시는 목사님이 존경스럽습니다. 복음으로 살아내시는 이충섭 목사님의 삶을 통해 너무나 큰 사랑을 받았습니다. 건빵 주문과 스티커 제작은 물론, 진솔하게 살아가는 목사님의 삶의 이야기는 언제나 내겐 큰 힘과 다시 복음 앞에 서는 시간을 갖도록 합니다.

이충섭 목사님을 "복음에 사로잡힌 광인(光人)"으로 생각합니다. "목사가 꼭 저래 예수를 믿어야 하나. 저래 전도하면 누가 관심이나 가져 주겠어?"라며 목사조차 때론 빈정거린다 해도 매일 전도현장에서 생생하게 삶의 이야기를 증언해 왔습니다. 목사에게 현장 없는 신앙은 결코 있을 수 없습니다. 고마울 뿐입니다. 목사님의 신앙과 삶이 오롯이 담겨 곧 출판을 앞두고 있는 「전도해봤어!」를 기대합니다.

사랑하는 이충섭 목사님!

당장에 보이지 않는 열매로 때때로 힘에 겨운 모습을 보일 때 저 또한 함께 매우 안타까워했습니다. 눈에 보이지 않는 열매들이 원근각처에서 보이는 열매로 나타나고 있습니다. 하나님 나라의 부흥은 멈출 수 없는 광인, 이충섭 목사님의 그날을 향한 행진으로 지속되리라 확신합니다. 주님 곧 오십니다. 마라나타!!! (박영주 목사)

하나님께서 시편 119편 2절에서 "하나님의 증거들을 지키고 전심으로 하나님을 구하는 자는 복이 있도다"고 하셨고, 예수님께서도 마태복음 4장 23절에서 "예수님께서 온 갈릴리에 두루 다니사 그들의 회당에서 가르치시며 천국 복음을 전파하시며"라고 하시면서 예수님이 친히 전도하시면서 제자들에게도 전도하기를 당부하셨습니다.

이처럼 중요한 전도를 열심히 하시는 존경하고 친애하는 이충섭 목사님은 하나님의 말씀을 교회 안에서 뿐 아니라 교회 밖에서도 증거 하는 신실한 하나님의 증인이요, 예수님의 증인입니다. 교회에서 인근 동네에서 자주 복음을 증거 하기 때문입니다. 그래서 저는 이 목사님을 존경합니다. 앞으로도 계속 하나님께서 기뻐하시며 예수님이 실천하셨던 복음증인의 삶이 이어지길 기도하고 응원합니다. 할렐루야! (권정학 목사)

 전도해봤어!

전도는 누구나 할 수 있습니다. 그렇지만 전도를 누구나 할 수도 없습니다. 진정 예수님의 구원의 확신을 가진 자만이 그리고 성령의 임재를 체험한 자만이 전도를 할 수 있습니다. 그러므로 전도할 수 있는 것 곧 복음을 전할 수 있는 것은 하나님의 최고의 축복입니다. 이 축복을 누리시는 이충섭 목사님을 존경하며 더욱 축복합니다. (나경화 선교사)

아들까지 자신의 모교인 감신대에 보낸 아버지 목사가 매주 전도지를 들고 거리에서 그리스도 복음을 기쁘게 전하는 모습을 오래 전부터 지켜보았습니다. 할아버지에게, 학생들에게 그리고 어린 초등학생에 이르기까지 그는 정성껏 마련한 작은 선물을 갖고 사람들을 만납니다. 나이가 들어도 결코 때 묻지 않은 밝은 얼굴을 하고 있기에 그가 건넨 전도지는 결코 휴지조각이 되지 않고 사람의 마음을 움직입니다. 그가 건넨 빵 한 조각, 차 한 잔 역시 영혼의 양식이 될 것입니다.

노방 전도에 대한 인식이 곱지 않은 현실에서 자연스럽게 복음을 전하는 이충섭 목사의 성실함과 진정성에 그리스도의 향기가 짙게 베였기에 가능한 일입니다. 하늘에서 주신 그 달란트로 끝까지 이 일을 지속해 주길 바라며 격려합니다. 그리고 고맙다는 말도 덧붙입니다. (이정배 목사)

어느 날 충섭이가 나타났습니다. 학창시절에 도서관도 같이 다니고 이

리저리 붙어 다니는 시간도 많아 꽤 친하게 지내던 사이였으나, 먹고 살다 보니 연락이 끊겨서 소식이 궁금했는데, 고교졸업 30주년행사를 통해 연락이 닿아 목사님이 되어 있는 충섭이와 다시 만나게 되었습니다. 무척 반가워 마치 고교시절로 돌아간 듯 잠시 착각이 들 정도였습니다.

충섭이는 학교 다닐 적에도 기독교와 교회에 관심이 많았고 그런 것들이 간접적으로 영향을 받게 되어 나도 자연스럽게 일찌감치 종교를 접하게 되었습니다. 30년 만에 친구들을 다시 만나 동창회를 하다 보니 종교가 다르거나 종교에 무관심한 경우에는 친구의 말이 특정 종교를 강제하는 것으로 받아들여 불편하다고 말하는 친구들이 있는데 경제활동이나 취미활동을 가지고 서로 소통하는 것처럼 정치, 경제, 문화 이야기와 종교 이야기도 우리들에 일상적인 삶이나 생활과 다를 것 없다고 생각합니다. 조금이라도 상대방에 대한 배려와 이해가 아쉬운 부분입니다.

가끔 한 번씩 전도하기도 힘든데 매일같이 하나님의 말씀을 전하기 위해 전도하고 있다는 얘기를 듣고 친구의 열정과 노력이 대단하게 느껴졌습니다. 더도 말고 덜도 말고 여태껏 해온 대로 순수함과 진정성 그리고 일관성을 가지고 앞으로도 계속 전도와 목회활동에 임한다면 머지않아 축복에 열매를 얻게 될 것이라고 믿어 의심치 않습니다. 이충섭 목사님의 앞날에 건승을 빕니다. (유지선 고등학교친구)

이충섭 목사님은 야경꾼의 막대기 같은 사람입니다. 깨어 있으라고, 전

도해야 한다고 깨우치는 분입니다. 눈이 오나, 비가 오나, 바람이 부나 한결같이 전도하는 모습을 보면서 한편으로는 부끄러움을, 한편으로는 나도 저렇게 해야겠다는 도전을 받게 됩니다. 존경하며 닮고 싶은 분입니다. (성표 목사)

바울처럼 웨슬리처럼 복음에 붙들린 사람!
'이충섭 목사님' 하면 전도자가 떠오릅니다.
복음에 붙들린 이 시대의 바울!
저는 이충섭 목사님이 좋습니다.
이충섭 목사님에게서는 바울의 향기가 납니다.
웨슬리의 뜨거움이 느껴집니다.
복음을 위해 복음에 붙드린 사람이기에… (서철 목사)

전도자의 말

"내 생애 중에 제일 좋은 날이 언제냐?"라고 물으면 난 서슴없이 2012년 3월 17일(토)이라고 대답할 것입니다. 그날 나는 건빵을 들고 전도하러 나가기 시작한 날이기 때문입니다. 그날 이후 난 매일 전도하는 사람으로 살았습니다. 전도를 시작할 때는 '그래, 더 이상 작은 교회하면 안 되지, 교회가 자립해야지… 교회에 사람들이 많아지는 교회가 되어야 하지.'라는 마음을 갖습니다.

"왜 나보고 혼자 전도하냐?"라고 묻는 사람이 있습니다. 전도를 하려는데 사람이 없고 돈이 없기 때문에 전도 못한다는 이유를 대는 분들에게 "그래, 목사 혼자 전도하였더니 하나님께서 은혜를 베풀어 주시고 교회가 성장되었다."고 고백하는 날이 오기를 기대하면서 지금도 전도하고 있습니다.

매일 전도해도 새로운 사람이 오는 것이 쉽지 않습니다. 그러나 교회에 새롭게 오신 분들이 교회를 든든히 세워 가고 있어 감사합니다. 마음 한구석에서 예수님을 전혀 알지 못하는 사람이 "예수님을 믿으세요."라는 복음을 듣고 "나, 예수님을 믿겠습니다. 나, 이제 교회에 다니겠습니다."하는 한 사람이라도 있을 것을 믿습니다. 전도는 내가 하지만 열매는 하나님이 하십니다.

날마다 전도현장에 나가면서 갈등과 고민이 많이 있습니다. "그저 건빵 나누어 주는 사람이 아닌가? 이렇게 한다고 사람들이 교회에 들어오나? 그렇게 오랫동안 전도하였으면 한 사람이라도 전도되어야 하지 않나?"라고 말하지만 나는 건빵 전도 가방을 들고 전도현장에 매일 나갑니다. 사람들이 뭐라고 해도 "하나님은 모든 사람이 구원을 받으며 진리를 아는 데에 이르기를 원하시느니라"하는 디모데전서 2장 4절 말씀을 의지하여 오늘도 전 "예수님을 믿으세요?"라고 외치려 나갑니다.

나를 전도현장으로 이끌어 주신 하나님 아버지께 감사드리며 모든 영광을 하나님께 돌립니다. 아멘

전도자에게 찾아온 위기

"전도해봤어!"를 집필하는 동안에 몇 가지 일이 일어났습니다.

2016년 6월 4일(토) 새벽 필리핀 까인따시의 빈민지역인 깜덴에서 화재가 발생해 가옥 100여 채가 불타고 어린이 3명이 사망했습니다. 집들이 밀집되어 있고 잠을 자고 있던 새벽에 화재가 발생해 피해가 컸던 것으로 보이며 피해는 더 늘어날 것으로 보인다고 화재가 발생한 깜덴에서 선교사로 활동하고 있는 홍성욱 선교사가 전했습니다. 화재는 사망한 3명의 어린이들의 불장난으로 발생한 것으로 알려져 있으며 어린이들의 부모가 경찰의 조사를 받고 있다고 합니다.

홍성욱 선교사가 담임하고 있는 깜덴나눔교회의 교인 중 30여 가정도 화재피해를 입고 현재 교회와 공동시설로 피난해 있는 상태라고 합니다. 홍 선교사는 "음식은 까인따시에서 공급하고 있지만 장기적인 대책이 필요하다"며 "당장 식량과 의료품, 의복, 학생들 학용품 등이 시급하다."고 했습니다.

홍 선교사는 밴드 '깜덴을 사랑하는 사람들'과 SNS를 통해 화재 소식을 전하며 한국 교회의 중보기도와 도움을 요청했습니다. 나는 이 소식을 듣고 6월 7일(화) 마음에 감동이 와서 SNS를 통해 홍성욱 선교사님 후원통장을 찾아내서 50만 원을 송금했습니다. 힘들고 어려울 때 도와야 그리스도인이 사는 맛이 납니다.

그런데 6월 9일(목) 편지 한 장을 받게 되었습니다. 송추에서 새벽기도회를 비롯하여 모든 예배를 드렸던 한 가족이 우리 교회에 그만 다니겠다는 것입니다. 약 3년 동안 이분들 때문에 모든 예배가 가능했는데 다른 교회에 가겠다는 편지였습니다. 이 소식을 들은 미용실을 하는 집사님께서도 다른 교회를 알아보아야 하겠다고 문자를 주셨습니다.

지난 5년 동안 어떻게 하면 작은 교회에서 벗어날 수 있을까? 하는 마음으로 매일 전도하였습니다. 매일 전도하면서 이 날처럼 최고의 위기가 다가 온 적은 없었습니다. 마음으로는 괜찮다고 하지만 깊은 절망이 찾아 왔습니다. '이제 예배드리는 사람도 없구나!' 하는 생각이 들었습니다. 그런데 난 이 날도 전도하러 나갔습니다. 이 날에 전도일기입니다.

오늘 전도는 오후 2시 50분에 나갔습니다. 오늘 빵은 소보로 빵이 왔습니다. 그 빵을 가지고 놀이터로 나갔습니다. 여자 어르신들이 많이 계셨습니다. 그분들에게 빵 한 개씩 나누어 드리면서 "예수님을 믿으세요."라고 했습니다. 이 분들이 빵을 받는 것을 상당히 부담스러워하셨습니다. 그래서 이 빵은 후원하시는 분이 계셔서 전도할 수 있는 것이라고 말씀드렸습니다.

그다음에 미용실을 갔습니다. "교회에는 못 나가요."라고 말하는데 손님들도 빵을 달라고 하였습니다. 그래서 빵을 드렸습니다. 정말 인상이 좋았습니다. 그리고 다른 사업장으로 갔습니다. 다른 미용실은 문이 닫혔고 순대국집, 기념품 판매점, 금은방, 부동산에 들어가 가지고 간 빵을 다 드렸습니다.

오늘따라 빵을 보내 주신 분에게 더욱 감사드리고 오늘도 전도할 수 있도록 힘을 주신 하나님께 감사드립니다. 아무리 힘들고 어려운 일이 있어도 매일 전도하고 싶은 마음으로 오늘도 살아갑니다.

❤ 전도해봤어!

전도자의 기회

교회를 나가겠다고 하신 미용실 집사님께서 6월 17일(금)에 교회에 다시 나오겠다고 연락이 왔습니다.

"죄송합니다. 목사님 제가 잘못한 것 같습니다. 하나님께서 기뻐하시는 일이 무엇인지 깨달았습니다. 어제까지 맘이 무겁고 힘들었습니다. 하루하루가 힘들었습니다. 어느 교회 집사님께서 승리교회 목사님께 상처주지 말라는 말과 내가 나가면 초토화된다는 표현까지 서슴지 않고 하셨습니다. 눈물이 쏟아지고 가슴이 아파 혼났습니다. 지금이 글을 쓰는 순간도 눈물이 멈추어지지 않습니다. 목사님과 사모님이 힘들어하실걸 알면서도 교회를 나가겠다고 한 것은 진정으로 하나님께서 원하는 일이 아니라는 걸 알았습니다. 정말 심려를 끼쳐 죄송합니다. 앞으로 어찌 될지는 모르나 목사님을 돕겠습니다. 힘내세요. 목사님!"

이 글을 주고 6월 19일 주일 예배에 오셨습니다.

오늘 승리교회 주일 예배는 하나님의 은혜가 흘렀습니다. 한 남학생이 교회에 오겠다고 하더니 오늘 예배에 와서 함께 예배드리고 농구도 했습니다. 다른 교회 권사님께서 지난 주에 이어 오늘도 떡을 가져다 주셨습니다. 우리 교회 집사님의 친인척도 오셨습니다. 외부에서 성인 3명이 더 와서 예배드리는데 교독문할 때 목소리가 달랐습니다. 굵고 크게 읽어주니 은혜가 넘쳤습니다. 미용실 집사님이 약속하신 대로 오셔서 예배를 드렸습니다.

오늘 설교를 하면서 '발음을 정확하게 하자. 문장을 짧게 하자. 톤을 낮추자'는 생각으로 말씀을 전했습니다. 다른 것은 잘하는데 역시 톤을 낮추는 것이 잘 되지 않아 아내가 뒤에서 톤을 낮추라는 싸인을 주어 소리를 낮추게 되었습니다. 갈렙이 45년 동안 변함없이 거룩한 꿈을 가졌고 확고한 믿음으로 나갔으니 우리도 꿈을 가지고 믿음으로 나가자고 설교하였습니다.

식사시간에 미용실 집사님께서 "하나님께서 승리교회에서 영혼 사랑하는 일에 동역하라."고 하셔서 다시 교회에 오게 되었다고 간증하셨습니다. 오후예배도 거의 다 참석하였고 구름기둥, 불기둥의 말씀을 전했습니다. 오후예배를 마치고도 은혜로운 이야기 시간을 가졌습니다. 중학생들이 탁구를 치자고 해서 탁구도 치고 레슨까지도 해주었습니다.

목회나 탁구는 역시 서두르면 안 됩니다. 서두른다고 되는 것이 아닙니다. 정확한 비전과 목표가 무엇인지를 알아야 합니다. 사람이 원하는 것이 아닌 하나님이 원하시는 것을 하는 것이 중요합니다. 말씀을 듣는 것보다 더 중요한 것은 말씀을 듣고 순종하는 것입니다. 저녁때는 오늘 교회에 오지 못한 집사님의 가정에 심방을 다녀왔습니다.

"하나님 아버지!
이충섭을 목사로 만들어 주셔서
목사로써 부끄러움을 당하지 않고
하나님께 당당하게 멋지게 사명 받은 대로
충성을 다하는 목사가 되게 하시니 감사합니다."

이날 미용실 집사님의 고백입니다.

"하나님께서 내게 주신 능력이 크다는 것을 알게 하셨네요. 혼자서는 그 무엇도 이루지 못하고 합력해야 한다는 생각이 들었고 오직 성령의 말씀으로만 이루어진다는 것을 알았습니다. 오늘 말씀의 핵심은 '내게 능력 주시는 자가 하나님이시고 하나님의 나라와 의가 있다면 뭐든 할 수 있다.'는 자신감을 얻게 했습니다. 내 생각이 앞서기 전 뭐든 하나님께 아뢰고 조급함이 아닌 기다림의 사명감을 느꼈습니다. 오직 겸손과 순종을 가리키는 듯했습니다. "합력하여 선을 이룬다는 하나님의 뜻을 품으라. 네게 곧 보이리라." 하신 듯합니다. 때를 기다리는 인내도 느꼈습니다.

'좌로나 우로나 치우치지 말고 오직 예수님을 바라볼지어다!'

나의 생각과 하나님의 생각은 다르고 하나님의 부르심이 저로 하여금 순종케 하십니다. 목이 마르다하여 단숨에 들이키지 말라하시고 말씀으로 식혀서 한 모금 한 모금 넘기라 하시는 것 같습니다. 하나님께서 주신 말씀 붙들고 나아가는 종이 되라 하신 것 같습니다. 오늘 축복의 말씀은 제게 약이 되고 힘을 얻는 살아계신 하나님의 메세지입니다. 늘 겸손하고 배려와 사랑을 실천하라는 것 같습니다. 작고 보잘 것 없는 죄인의 그릇을 쓰신다 하셨습니다. 순종하겠습니다. 내일 일을 자랑치 말라는 하나님의 은총이 내게 있나이다!

하나님께서 한 영혼이 천하보다 귀하다는 것을 또 깨닫게 하십니다. 한 영혼을 예수님의 마음을 가지고 사랑하라 품으라고 말씀하여 주십니다."

교회에 돌아온 미용실 집사님은 먼 거리에서 매일 택시 타고 새벽기도회를 참석하면서 전도하려고 애를 쓰고 계십니다. 전도사명을 감당하는 한 사람이 있어도 교회가 살아납니다. 한 사람의 사명자가 잠자고 있는 영혼을 깨웁니다. 예배자리를 지키고 기도하고 헌신하는 사람이 있다는 것은 감사할 일입니다. 영혼을 살리려고 사랑하고 헌신하는 한 사람의 모습에도 하나님은 감동하십니다. 전도자는 항상 예수 그리스도를 바라보아야 합니다. 사람을 바라 볼 필요가 없습니다. 물질에 얽매일 필요가 없습니다.

목회하다가 힘들면,
전도하다가 힘들면,
하나님 앞에 찬양하고 기도하세요.

인천 큰 교회에서 목회하시다 양주에 오셔서 교회 개척하시고 지금은 은퇴하신 목사님의 말씀입니다.

세상 소리는 듣지 마십시오. 철야하면서 부르짖어 성령의 불을 받아야 합니다. 다른 방법은 없습니다. 전 개척할 때 집사람하고 매일 철야했습니다. 어느 주일날 사람들이 왔습니다. 꾸역꾸역 설교를 잘해서도 전도를 많이 해서도 아닙니다. 성령께서 보내 주셨다고 확신합니다. 첫술에 배부르지 않습니다. 포기하지 말고 부르짖는 기도의 단을 쌓으십시오.

이 목사님은 참으로 훌륭하십니다. 전 그렇게 전도하지 못했습니다. 하늘에 상이 크실 것입니다. 내 열정도 있어야 하겠지만 그러나 성령의 불이 있어야 합니다.

모세는 호렙산에서
엘리야는 갈멜산에서
바울은 다메섹 도상에서
베드로는 마가의 다락방에서
성령의 불 받아 달라졌습니다. 한 번에 삼천 명이 회개하는 역사가 일어나고 기적이 일어났습니다. 능력의 종이 되었습니다.

나간 사람 생각 말고 기도하십시오.

한 시간 동안 큰 소리로 찬송하십시오.

지식 설교, 원고 설교하니 교인들 귀만 즐겁지요.

갈급한 내 영혼에 와 닿지 않으니 아멘이 안 나오지요.

그러니 떠나지요.

한 영혼 때문에 눈물의 목사가 되십시오.

한 영혼 때문에 눈물을 흘리고 기도하는 전도자가 되십시오.

그 눈물과 기도 때문에 하나님이 일하십니다.

전도하기 전에 영혼을 사랑하십시오.

전도하기 전에 그 영혼을 위해 눈물로 기도하십시오.

전도하기 전에 성령 충만하십시오.

성령의 불이 없이는 아무것도 할 수 없습니다.

눈물을 흘리며 씨를 뿌리는 자는 기쁨으로 거두리로다 울며 씨를 뿌리러 나가는 자는 반드시 기쁨으로 그 곡식단을 가지고 돌아오리라 _시편 126편 5-6절

매일 전도하면 반드시 기쁨으로 돌아옵니다. 여기에 전도자의 기쁨이 있습니다. 오늘도 비가 오나 눈이 오나 바람이 부나 전도합니다.

교회 부흥의 시작

2016년 7월 31일(주일) 전도 열매 1호는 광수가 같은 나이인 지연을 교회에 데리고 오면서 시작되었습니다.

전도 열매 2호는 미용실 집사님께서 송추 가마골에서 일하시는 현 집사님을 모시고 왔습니다. 이분은 매주 금요일에 쉬시기에 금요철야예배에 오셨습니다. 이분이 교회에 온지 2주 만에 20년 이상 하던 술과 담배를 끊으셨습니다. 하시는 일을 즐겁게 하시니 다른 사람들에게 좋은 영향을 끼치며 온전한 십일조생활을 하시고 계십니다.

전도 열매 3호는 미용실 집사님께서 20년 전에 알고 계셨던 여자 어르신을 모시고 왔고, 전도 열매 4호로는 다니는 교회에 거리가 너무 멀어서 저희 교회로 인도되어 오신 집사님이 계시고, 전도 열매 5호는 우리 교회 박 집사님께서 자기 일을 그만두고 다른 분을 소개하였는데 그분이 교회에 매주 나오시며 예배를 잘 드리고 계십니다.

전도 열매 6호는 광수 할머니가 장 집사님이라는 분을 모시고 왔는데 예배를 잘 드리고 계시며 전도 열매 7호, 전도 열매 8호가 왔습니다.

저희 부모님께서 서울에서 50년 넘게 사시다가 의정부로 이사 오시면서 승리교회로 예배드리러 오십니다.

교회가 부흥하기 시작하고 있습니다.
전도는 우리가 하지만 전도 열매는 하나님께서 하십니다.
이 시대가 전도하기가 힘들어도
하나님은 모든 사람이 구원받기를 원하십니다.
그러기에 오늘도 전도하러 나갑니다.

전도해 봤어?
전도해 봤어!
전도해 봤어요…

전도해 봤어!